भारतीय पुलिस

जैसा मैंने देखा...

किरण बेदी एक संवेदनशील पुलिस अधिकारी हैं। उन्होंने खाकी वर्दी को नयी गरिमा प्रदान की है। समाज में गैर–बराबरी, अन्याय और जुल्म उन्हें कतई बर्दाश्त नहीं होते। 'जैसा मैंने देखा' संकलन में उन्होंने अपने व्यक्तिगत अनुभवों को आधार बनाकर यह सिद्ध करने की कोशिश की है कि कारगर और प्रभावशाली हस्तक्षेप व्यवस्था और सामाजिक कुरीतियों के शिकार और खासकर महिलाओं को उनका हक दिलवाया जा सकता है और उन्हें अपने अधिकारों के लिए लड़ने को प्रेरित किया जा सकता है। एक बार पढ़ना शुरू करने पर आप इसे छोड़ नहीं पाएंगे।

भारतीय पुलिस

जैसा मैंने देखा...

डॉ. किरण बेदी

फ्यूजन बुक्स

प्रकाशक
फ्यूजन बुक्स
X-30, ओखला इंडस्ट्रियल एरिया, फेज-II
नई दिल्ली-110020
फोन : 011- 40712200
ई-मेल : sales@dpb.in
वेबसाइट : www.dpb.in

अनुवादिका
रचना भोला 'यामिनी'

Bharitya Police
Jaisa Maine Dekha...
by
Dr. Kiran Bedi

यह पुस्तक क्यों

जैसा मैंने देखा, सुना तथा महसूस किया उस पर मेरी क्या प्रतिक्रिया होती? – चाहती तो नजरअंदाज कर सकती थी, टाल सकती थी या उस पर अपनी बात कह सकती थी। मेरे लिए यह जरूरी हो गया था कि जो कुछ मैंने अंदर से महसूस किया, उसको लिखूं। इसलिए मैंने 'ट्रिब्यून' तथा 'पंजाब केसरी' में लिखने का विचार बनाया। इसके अलावा अन्य समाचार–पत्रों के आग्रह को भी स्वीकार किया। फिर ये मेरी सोच तथा चिन्तन का हिस्सा बन गये।

हर लेख को मैंने अपना दिल तथा दिमाग एक करके लिखा। ऐसा करने के बाद मैंने ऐसे पंछी की तरह महसूस किया जो उड़ने के लिए स्वतंत्र हो।

मेरे लेखों का दूसरों के लिए कितना महत्त्व है यह मैं नहीं जानती लेकिन जो कुछ मैंने देखा तथा सुना उसे मैंने लिखने की जरूरत महसूस की। ऐसा मैं आगे भी करती रहूंगी।

आभार

मैं तहे दिल से श्री हरी जय सिंह, तत्कालीन संपादक, द ट्रिब्यून तथा श्रीमती किरण चोपड़ा, डायरेक्टर, पंजाब केसरी का आभार व्यक्त करती हूं जिनके आग्रह पर मैंने 'रिफ्लेक्शन' तथा 'चेतना' स्तम्भों में लगातार योगदान दिया।

मैं श्री रूपिंदर सिंह, सह–संपादक, द ट्रिब्यून व अतुल भारद्वाज का भी आभार व्यक्त करना चाहूंगी जिन्होंने स्तंभ को इस प्रकार व्यवस्थित किया कि जिसे पाठकों ने बेहद सराहा तथा अतुल जी ने बड़े ही शानदार ढंग से हिन्दी अनुवाद किया।

सुश्री कामिनी गोगिया तथा श्री सुरेश त्यागी की भी आभारी हूं जिनके सहयोग के बगैर मैं अपने कार्य को समय से अंजाम नहीं दे पाती।

मैं अपने परिवार के सहयोग को भी भुला नहीं पाऊंगी जिनके सहयोग के बगैर रिफ्लेक्ट करना संभव नहीं था।

मैं श्री नरेन्द्र कुमार, मैनेजिंग डायरेक्टर, फ्यूजन बुक्स की भी आभारी हूं जिन्होंने मेरे अनुभवों को हिन्दी में पुस्तक के रूप में प्रकाशित किया।

लेखक परिचय

डॉ. किरण बेदी भारतीय पुलिस सेवा की प्रथम वरिष्ठ महिला अधिकारी हैं। उन्होंने विभिन्न पदों पर रहते हुए अपनी कार्य–कुशलता का परिचय दिया है। वे संयुक्त आयुक्त पुलिस प्रशिक्षण तथा स्पेशल आयुक्त, खुफिया, दिल्ली पुलिस के पद पर कार्य कर चुकी हैं। इस समय वे संयुक्त राष्ट्र संघ के 'शांति स्थापना ऑपरेशन' विभाग में 'नागरिक पुलिस सलाहकार' के पद पर कार्यरत हैं। उन्हें वर्ष 2002 के लिए भारत की 'सबसे प्रशंसित महिला' तथा 'द ट्रिब्यून' के पाठकों ने उन्हें 'वर्ष की सर्वश्रेष्ठ महिला' चुना।

डॉ. बेदी का जन्म सन् 1949 में पंजाब के अमृतसर शहर में हुआ। वे श्रीमती प्रेमलता तथा श्री प्रकाश लाल पेशावरिया की चार पुत्रियों में से दूसरी पुत्री हैं। उनके मानवीय एवं निडर दृष्टिकोण ने पुलिस कार्यप्रणाली एवं जेल सुधारों के लिए अनेक आधुनिक आयाम जुटाने में महत्त्वपूर्ण योगदान किया है। निःस्वार्थ कर्त्तव्यपरायणता के लिए उन्हें शौर्य पुरस्कार मिलने के अलावा अनेक कार्यों को सारी दुनिया में मान्यता मिली है जिसके परिणामस्वरूप एशिया का नोबल पुरस्कार कहे जाने वाला 'रमन मेगसेसे' पुरस्कार से उन्हें नवाजा गया। उनको मिलने वाले अंतर्राष्ट्रीय पुरस्कारों की शृंखला में शामिल हैं–जर्मन फाउंडेशन का जोसफ ब्यूज पुरस्कार, नार्वे के संगठन इंटरनेशनल ऑर्गेनाइजेशन ऑफ गुड टेम्पलर्स का ड्रग प्रिवेंशन एवं कंट्रोल के लिए दिया जाने वाला एशिया रीजन एवार्ड, जून 2001 में प्राप्त अमेरीकी मॉरीसन–टॉम निटकॉफ पुरस्कार तथा इटली का 'वूमन ऑफ द इयर 2002' पुरस्कार।

व्यावसायिक योगदान के अलावा उनके द्वारा दो स्वयं सेवी संस्थाओं की स्थापना तथा पर्यवेक्षण किया जा रहा है। ये संस्थाएं हैं 1988 में स्थापित 'नव ज्योति' एवं 1994 में स्थापित 'इंडिया विजन फाउंडेशन'। ये संस्थाएं रोजना हजारों गरीब बेसहारा बच्चों तक पहुंचकर उन्हें प्राथमिक शिक्षा तथा स्त्रियों को

प्रौढ़ शिक्षा उपलब्ध कराती है। 'नव ज्योति' संस्था नशामुक्ति के लिए इलाज करने के साथ–साथ झुग्गी बस्तियों, ग्रामीण क्षेत्रों में तथा जेल के अंदर महिलाओं को व्यावसायिक प्रशिक्षण और परामर्श भी उपलब्ध कराती है। डॉ. बेदी तथा उनकी संस्थाओं को आज अंतर्राष्ट्रीय पहचान तथा स्वीकृति प्राप्त है। नशे की रोकथाम के लिए संयुक्त राष्ट्र द्वारा किया गया 'सर्ज साटिरोफ मेमोरियल अवार्ड' इसका ताजा प्रमाण है।

वे एशियाई टेनिस चैंपियन रही हैं। उन्होंने कानून की डिग्री के साथ–साथ 'ड्रग एब्यूज एण्ड डोमेस्टिक वायलेंस' विषय पर डॉक्टरेट की उपाधि भी प्राप्त की है। उन्होंने 'इट्स ऑलवेज पॉसिबल' तथा दो आत्मकथा 'आई डेयर' एवं 'काइंडली बेटन' नामक पुस्तक लिखी हैं। इसके अलावा यथार्थ जीवन पर आधारित वृतांतों का संकलन 'व्हाट वेंट रोंग' नाम से किया है। इसका हिन्दी रूपांतरण 'गलती किसकी' नाम से संकलित है। ये दोनों संकलन, दैनिक राष्ट्रीय समाचार पत्रों 'द टाइम्स ऑफ इंडिया' एवं 'नवभारत टाइम्स' में डॉ. बेदी के व्यक्तिगत अनुभवों पर आधारित, पाक्षिक स्तंभों से संबंधित हैं। 'जैसा मैंने देखा' पुस्तक राष्ट्रीय दैनिक 'पंजाब केसरी' में प्रकाशित होने वाले सत्य जीवन वृत्तांतों से संबंधित स्तंभ 'चेतना' पर आधारित है।

अनुक्रमणिका

1

पुलिस कीर्ति दिवस

क्या आप जानते हैं कि पुलिस कीर्ति दिवस क्या है? और यह किस दिन मनाया जाता है? मुझे संदेह है कि लोगों को इस दिन और इसके महत्त्व के बारे में थोड़ा बहुत भी पता होगा। गत 21 अक्टूबर को मनाए गए इस दिवस पर मीडिया की अनुपस्थिति से सचमुच मुझे बहुत दुःख हुआ। पुलिस के सम्मान के प्रतीक इस दिवस को मीडिया ने एकदम महत्त्वहीन करार दिया वाकई यह दुःखी करने वाली बात है। हर राज्य का पुलिस बल उन बहादुर पुलिस वालों की याद में इस दिवस का आयोजन करता है, जिन्होंने जनता एवं शांति की रक्षा के लिए अपना जीवन तक कुर्बान कर दिया। ज्यादातर यही होता है कि इन परेडों में लोगों की उपस्थिति बहुत कम होती है। मैं दिल्ली पुलिस द्वारा आयोजित परेडों की गवाह रह चुकी हूं। मैंने इस परेड की कवरेज के लिए एक–दो मीडिया कर्मियों को तो जरूर देखा है, परंतु शाम की खबरों हेतु 'टेलीविजन कवरेज' के लिए वहां कोई भी मीडिया कर्मी उपस्थित नहीं था। यहां तक कि अगले दिन अधिकतर समाचार पत्रों ने भी इस दिवस के बारे में कोई खबर नहीं छापी। अतः मैंने अपने आपसे पूछा ऐसा क्यों हुआ? इस देश के 13 लाख से ज्यादा कर्मचारियों (पुलिस कर्मियों) के इस महत्त्वपूर्ण दिन को मीडिया कैसे नकार सकता है?

प्रतिवर्ष लगभग 1000 पुलिसकर्मी अपना फर्ज निभाते हुए शहीद होते हैं, लेकिन इनमें से किसी को भी अपने कार्यों और फर्ज को अंजाम देते हुए शहीद हो जाने पर मीडिया की ओर से सराहना नहीं मिलती, न ही उनके बलिदान की कहानी लोगों तक पहुंच पाती है। दरअसल फर्ज की वेदी पर अपनी जान कुर्बान करने वाले ये सिपाही छिपे हुए नायक होते हैं।

5 नवम्बर 1963 को जयपुर में पुलिस स्मारक का उद्घाटन करते हुए पंडित नेहरू जी ने कहा था–'हम प्रायः पुलिसकर्मी को अपना फर्ज पूरा करते देखते रहते हैं और अक्सर हम उनकी आलोचना करते हैं। उन पर आरोप भी लगाते हैं जिनमें से कुछ सच साबित हो जाते हैं, कुछ गलत, पर हम भूल जाते हैं कि ये लोग कितना कठिन कार्य करते हैं। आज हमें उनकी सेवा के उस नजरिए को देखना है जिसमें वो दूसरों की जान व माल की रक्षा के बदले अपनी जिन्दगी से समझौता कर लेते हैं।"

देश के प्रथम प्रधानमंत्री के 1963 में पुलिस कर्मियों के बारे में यही उद्गार थे। आज हम 2003 में हैं और विगत वर्ष इस उत्सव पर देश के किसी भी नेता ने राष्ट्र के नाम कोई संदेश नहीं दिया, न तो प्रधानमंत्री ने और न ही गृहमंत्री ने इस गरिमापूर्ण अवसर पर कुछ कहा (कम से कम सार्वजनिक स्तर पर सरकार की ओर से कुछ भी किए जाने की सूचना जनता को नहीं है)। यह दिवस संकल्प लेने का दिवस था। विशेषकर अब जब संपूर्ण देश की आंतरिक सुरक्षा की जिम्मेदारी हर पुलिस अधिकारी की योग्यता पर निर्भर है। इस अवसर के लिए कुछ ठोस कदम उठाए जाने की आवश्यकता है जो इस प्रकार हैं :

- 21 अक्टूबर को राष्ट्रीय पुलिस दिवस घोषित किया जाए।
- देश की राजधानी में पुलिस स्मारक होना चाहिए जहां से राष्ट्रपति राष्ट्र की ओर से बहादुर शहीदों को श्रद्धांजलि दें। उन्हें याद करें।
- प्रांतीय स्तर पर भी हर राज्य में ऐसे स्मारक बनाए जाएं, ताकि राज्यपाल नागरिकों की तरफ से पुलिस के शहीदों को श्रद्धांजलि अर्पित कर सकें।
- इन राष्ट्रीय व प्रांतीय स्मारकों को असाधारण सेवा व देशभक्ति का प्रतीक माना जाना चाहिए।
- वरिष्ठ पुलिस अधिकारी को ड्यूटी चार्ज सौंपने व लेने का कार्य भी इसी दिवस को शुरू करना होगा।

दूसरे देशों में जब इन दिवसों का आयोजन होता है तो वहां इसे पूरे सप्ताह तक मनाया जाता है। इसमें कुछ और गतिविधियां भी शामिल की जाती हैं जिसमें सामाजिक व राजनीतिक नेता अपने विचार प्रकट करते हैं।

टेलीविजन के दर्शकों को शायद स्मरण होगा कि 11 सितम्बर 2001 की घटना के तुरंत बाद अमरीकी राष्ट्रपति बुश ने कांग्रेस को संबोधित करते अपनी जेब से एक पदक निकाला व दिखाया। ये एक पुलिसकर्मी का पदक था जो विश्व व्यापार केन्द्र में अपनी सेवा के दौरान शहीद हुआ था। ये पदक राष्ट्रपति बुश को उस पुलिसकर्मी की माता ने तब दिया था जब वे उसके परिवार से मिलने गए थे। राष्ट्रपति

द्वारा पदक दिखाने और उस पुलिसकर्मी की सेवा का जिक्र करने पर कांग्रेस के सभी सदस्यों ने उस पुलिसकर्मी की सेवा और संपूर्ण पुलिस बल के प्रति अपना सम्मान, आभार और श्रद्धांजलि व्यक्त की। आज हमारे पुलिसकर्मी ठुकराए हुए, वंचित, असुरक्षा की भावना लिए हुए व थके हुए हैं। अगर वे ईमानदार हैं तो वे अकेले हैं। अगर वे शहीद होते हैं तो उनका परिवार अकेले ही दुःख झेलता है। देश उन्हें भूल जाता है। इसमें हैरानी नहीं होनी चाहिए कि जब दुनियादारी में निपुण कुछ पुलिसकर्मी अपने व अपने परिवार के सुरक्षित वर्तमान व भविष्य के लिए अपने आपको समर्पण से रोकते हैं और इसके लिए वो राष्ट्र सुरक्षा के साथ समझौता भी करते हैं।

> ! 21 अक्टूबर पुलिस सेवा के लिए महत्त्वपूर्ण दिवस है। यह वो दिन है, जब आम नागरिक पुलिस को नजदीक से जान सके। !

21 अक्टूबर पुलिस सेवा के लिए महत्त्वपूर्ण दिवस है। यह वो दिन है जब आम नागरिक पुलिस को नजदीक से जान सके और बहादुर पुलिसकर्मियों को सम्मानित कर सके। अन्यथा हम देशभक्त व बहादुर नौजवानों को इस सेवा से जुड़ने के लिए कैसे उत्साहित कर पाएंगे। हमारे लिए बहुत जरूरी है कि हम उन रास्तों को हमेशा याद रखें जिन पर चलकर हमें ये मालूम हुआ है कि एक राष्ट्र के रूप में हम कौन हैं और क्या हैं।

❑

2

स्वयं साक्षी पुलिस

चार साल पहले तिहाड़ जेल में इंस्पैक्टर जनरल के पद पर कार्य करने के बाद दिल्ली पुलिस में मेरी पुनः वापसी हुई। इस बार मुझे संयुक्त आयुक्त (प्रशिक्षण) के पद पर नियुक्त.किया गया था। अपनी इन दोनों नियुक्तियों में मैंने असाधारण समानताएं देखीं।

दोनों ही कार्यक्षेत्र काफी लक्ष्यकेन्द्रित थे। जेल में मैं कैदियों व जेल के कर्मचारियों के साथ काम कर रही थी, जबकि पुलिस प्रशिक्षण केन्द्र में मुझे प्रशिक्षकों के रूप में पुलिस अधिकारियों व पुलिस प्रशिक्षुओं के साथ काम करना था। इन प्रशिक्षुओं में नए प्रशिक्षु तथा पदोन्नति व विशिष्ट प्रशिक्षण के तहत आए पुलिस अधिकारी दोनों ही शामिल थे। इन दोनों ही नियुक्तियों में मेरे लिए आश्चर्य की बात यह थी कि दोनों ही संगठन के लोग स्वयं से असंतुष्ट व नाखुश थे। ये लोग मौजूदा हालात के लिए दूसरों पर दोषारोपण कर रहे थे, साथ ही भीतर ही भीतर आक्रोश से भी भरे हुए थे। जो कुछ उनके साथ घटा उसके लिए दोनों ही दूसरों पर इल्जाम लगा रहे थे। कैदी अपनी सजा के लिए मित्रों, अभिभावकों, रिश्तेदारों, पुलिस, कोर्ट, शिकायतकर्ताओं, गवाहों, गरीबों, बेरोजगारी, शोषण, अन्याय व नशे की लत को दोषी ठहराते थे, जबकि जेल के कर्मचारी पदोन्नति न होने व अपनी निजी सुरक्षा को लेकर नाखुश थे। वे अपने वरिष्ठ अधिकारियों व विभागीय नीतियों को अपनी परिस्थितियों के लिए दोषी मान रहे थे। वे अपने अमानवीय, हिंसक, असभ्य, अशिक्षित गाली–गलौच व आपराधिक व्यवहार के लिए भी कैदियों को ही दोषी ठहरा रहे थे। पुलिस प्रशिक्षण कॉलेज में पुलिस प्रशिक्षकों ने जो कहा मैं उसे दोहरा रही हूं। उन्हीं के शब्दों में 'मैडम, हम फिलहाल असंवेदनशील नियुक्तियों पर कार्य कर रहे हैं।' उनमें से एक का

विपसना का अर्थ है 'अपने आपको एक खास दृष्टिकोण से देखना।'

कहना था कि 'इस वक्त मुझे एस.एच.ओ. के पद पर होना चाहिए था। मुझे गलत तरीके से यहां भेजा गया है। मैं यहां मात्र इस कारण हूं क्योंकि मैं अपने वरिष्ठ अधिकारियों को धन कमाकर (रिश्वत के जरिए) नहीं दे सकता था और न ही मैंने अपने अन्य सहकर्मियों की भांति कभी अपनी पैरवी नहीं की।' हमारे कुछ दोस्त पिछले काफी समय से एस.एच.ओ. के पद पर जमे हुए हैं, जबकि कुछ लम्बी पुलिस सेवा के बावजूद भी इस पद के नजदीक नहीं पहुंच पाए। मैडम सच्चाई यह है कि जब हम अपने मित्रों को यह कह कर हाथ मिलाते कि हम पुलिस ट्रेनिंग स्कूल में हैं तो उनकी गर्मजोशी तुरंत ठंडी पड़ जाती है और अंततः वे अपना हाथ हमसे झटक लेते हैं।

यह सब सुनने के बाद ही मैं समझ सकी कि वास्तव में असंवेदनशील नियुक्ति के लेबल का दुष्प्रभाव किस हद तक पुलिस कर्मियों को तोड़कर रख देता है, लेकिन मैं इस बात से चकित भी थी कि क्या वाकई पुलिस का कोई विभाग असंवेदनशील हो सकता है? और यदि ऐसा है तब यह पहले स्थान पर क्यों नहीं होना चाहिए? चूंकि प्रशिक्षकों के पद पर नियुक्त पुलिस अधिकारियों को एक ऐसी यूनिट में भेजा गया था जिसे असंवेदनशील होने का दर्जा प्राप्त है। अतः इस दृष्टिकोण से उन प्रशिक्षकों की शिकायत न्याय संगत थी। दुर्भाग्य से यह प्रक्रिया पूरे पुलिस सिस्टम का एक हिस्सा बन चुकी है और कोई भी इस पर न तो अंकुश लगाने की हिमाकत करता है और न ही इसे बदलने का प्रयास।

पुलिस प्रशिक्षकों की यह आप बीती सुनकर मैंने आत्म मंथन किया और इस निष्कर्ष पर पहुंची कि जब प्रशिक्षक ही कई अन्यायपूर्ण नीतियों तथा अन्य से असंतुष्ट हैं तो ये पुलिस प्रशिक्षुओं के लिए किस तरह के प्रशिक्षक साबित होंगे और उन्हें क्या सिखाएंगे? इस तरह की भावना के साथ ये किस तरह पुलिस प्रशिक्षुओं को बेहतर सेवक बनने को प्रेरित कर सकते हैं। साथ ही पुलिस सेवा के इन नए जवानों को ये प्रशिक्षक क्या संदेश दे पाएंगे? दरअसल नए प्रशिक्षुओं की खोजबीन और तहकीकात आदि की ट्रेनिंग के तहत कानूनी हुनर से भी अधिक बहुत कुछ जानने समझने की आवश्यकता होती है। सच तो ये है कि उन्हें अपने हुनर में सकारात्मक मानवीय दृष्टिकोण लाने की आवश्यकता होती है। साथ ही उन्हें व्यावसायिक अनुशासन की भी जरूरत होती है। यह सब उन्हें

कौन सिखाएगा, जब उनके प्रशिक्षक ही अपने काम को लेकर संतुष्ट नहीं हैं। तीन साल पहले पुलिस ट्रेनिंग कॉलेज में इस तरह की वास्तविकता को जानने व उसका मूल्यांकन करने के बाद मैंने पुलिस प्रशिक्षकों में व्याप्त इस तरह की असंतुष्टि को दूर करने के लिए अनेक नुस्खों में मैंने एक को सुझाया। यह नुस्खा एक कार्यक्रम को शुरू करने के प्रस्ताव के रूप में था जो इन पुलिस प्रशिक्षकों को वैज्ञानिक आधार पर स्वयं को समझने में सहायता करने में मददगार था। उनके अंदर क्या कुछ गलत चल रहा है और क्यों? कौन इस सबके लिए जिम्मेदार है? क्या इस तरह की मनोदशा व परिस्थितियों के लिए दोषी हमेशा बाहर वाले ही होते हैं? क्या व्यक्ति विशेष पूरी तरह दोष मुक्त होता है? अपनी परिस्थितियों को सुधारने के लिए वह व्यक्ति विशेष क्या कुछ कर सकता है? ऐसी परिस्थितियों में क्या अपनी मदद स्वयं करना संभव है?

जिस वैज्ञानिक उपचार विधि या नुस्खे का जिक्र मैंने पहले किया था, वह ध्यान की विशेष तकनीक 'विपासना' है। 'विपासना' का अर्थ है अपने आपको एक खास दृष्टिकोण से देखना। यह तकनीक ध्यान की एक अति प्राचीन भारतीय तकनीक है। हमारे ऋषि–मुनि इस तकनीक से भली–भांति परिचित थे, लेकिन शताब्दियों पूर्व इसे भुला दिया गया। बाद में गौतम बुद्ध द्वारा इसे पुनः खोजा गया। यह विपासना की ही उपलब्धि थी जिसने राजकुमार गौतम को 'भगवान बुद्ध' बनाया।

जब मैंने उन पुलिस प्रशिक्षकों को इस तकनीक के विषय में बताया व उन्हें इसका अभ्यास करने को कहा तो वे इसे लेकर काफी आशंकित व जिज्ञासु दिखाई पड़े। यह प्रतिक्रिया जैसी तिहाड़ जेल के कैदियों व पुलिस कर्मियों की प्रतिक्रिया जैसी ही थी, लेकिन इस बार मैंने अपने उन पुलिस सहकर्मियों से कहा कि इस दिन इस विपासना कोर्स में बैठकर ध्यान करूंगी। जनवरी 1999 में पुलिस प्रशिक्षण कॉलेज में विपासना कोर्स का पहली बार प्रयोग किया गया।

यह पहला मौका था जब भारत ही नहीं संपूर्ण विश्व में किसी पुलिस प्रशिक्षण कॉलेज में इस तरह के कोर्स की शुरुआत की गई हो। हम सब वरिष्ठ प्रशिक्षकों ने अपने विपासना कोर्स को तन्मयता के साथ पूरा किया। कोर्स पूरा होने के बाद इसका प्रभाव उन प्रशिक्षकों पर स्पष्ट दिखाई दिया और उन्हें अपने असंतुष्टिपूर्ण सवालों के हल भी मालूम हो गए। इसके बाद उन्होंने अपने अनुभवों को सार्वजनिक करते हुए अपने प्रशिक्षुओं व सहकर्मियों को भी विपासना कोर्स के बारे में बताया। साथ ही उन्होंने अपने छात्रों को भी इस तकनीक का प्रयोग करने के लिए प्रेरित किया।

'विपासना कोर्स' के प्रति इन छात्रों की प्रतिक्रिया काफी उत्साहजनक व जोश से भरी थी। वास्तव में विद्यार्थियों को अपने अध्यापकों की बात को ध्यान से सुनना चाहिए उनका आदर करना चाहिए व उन पर पूरा भरोसा करना चाहिए।

एक वर्ष पूर्व पुलिस ट्रेनिंग कॉलेज ने अपना 17वां विपासना कोर्स पूरा किया। लगभग 1300 पुलिस प्रशिक्षुओं के साथ पूरा किया। इस कोर्स को पूरा करने के बाद इन प्रशिक्षुओं का जो कहना था उसे मैं आपके साथ भविष्य में सांझा करूंगी, लेकिन फिलहाल मैं इतना जरूर कहूंगी कि इन प्रशिक्षुओं ने अपनी इस जीवन यात्रा में आत्म निरीक्षण व आत्मावलोकन की एक लम्बी दूरी तय कर ली। ❑

3

क्या होता है इनके साथ

देश के अन्य सुरक्षा बलों की ही तरह दिल्ली पुलिस में भी हम नौजवान सब–इंसपैक्टरों को प्रशिक्षण देते हैं। ये सभी युवा स्नातक दिल्ली व आस–पास के राज्यों से होते हैं। इनमें से बहुत से नौजवानों के पास कंप्यूटर में डिप्लोमा या सामाजिक विज्ञान में स्नातकोत्तर उपाधि भी होती है। दिल्ली पुलिस में लिखित परीक्षा से पूर्व देश के इन नौनिहालों को अत्यंत कठिन शारीरिक परीक्षण पास करना होता है। लिखित परीक्षा पास करने के बाद इन्हें साक्षात्कार के लिए बुलाया जाता है। मैरिट लिस्ट में सर्वोच्च अंक अर्जित करने वाले नौजवान को दिल्ली पुलिस में सेवा का मौका दिया जाता है। सब इंस्पैक्टर पद के लिए यह परीक्षा कर्मचारी चयन आयोग बोर्ड द्वारा आयोजित की जाती है।

उल्लेखनीय है कि इस परीक्षा में दिल्ली पुलिस अधिकारियों की कोई भूमिका नहीं होती। कर्मचारियों चयन आयोग/बोर्ड दिल्ली पुलिस को देश के अत्यंत प्रतिभावान नौजवान पुलिस सेवा हेतु उपलब्ध कराता है। ये नौजवान पुलिस सेवा में आने के अत्यंत इच्छुक होते हैं, साथ ही इस सेवा के लिए पूरी तरह उपयुक्त भी। दिल्ली पुलिस में नियुक्ति इन युवाओं व इनके परिवारों के लिए अत्यधिक खुशी का मौका होती है। इनके अभिभावक अपने लड़के/लड़की की इस पद पर नियुक्ति को ईश्वर से की गई अनगिनत प्रार्थनाओं व अपने अच्छे कर्मों का फल मानते हैं। भारतीय परिवार में सिर्फ एक लड़के (दुर्भाग्य से अभी तक लड़कियां नहीं) की सरकारी नौकरी लगने का अर्थ बहुत मायने रखता है–शिक्षा, भोजन, आश्रय, सुरक्षा और एक शिक्षित व खूबसूरत दुल्हन–जिससे अच्छा दहेज प्राप्त किया जा सके। परिवार में उस लड़के की थानेदार बन जाने

> जो नौजवान अधिकारी सत्ता संभालने व प्रभारी काम करने की आकांक्षाओं के साथ पुलिस सेवा में आया था, उसे असंख्य व्यक्तिगत व व्यावसायिक मांगों व दबावों के तहत काम करना पड़ता है।

की संभावना प्रबल हो जाती है। जैसे ही पुलिस सेवा में चयन की प्रक्रिया पूरी होती है, कुछ ही समय बाद इन नौजवानों का प्रशिक्षण प्रारंभ हो जाता है। यह बहुत कठिन प्रशिक्षण होता है। प्रशिक्षण के दौरान हर प्रशिक्षु का दिन सुबह 5 बजे शारीरिक परिश्रम से शुरू होता है, जो रात 8 बजे तक जारी रहता है। दिन भर के शारीरिक, मानसिक श्रम के बाद शाम को रोल–कॉल के बाद ही एक दिन के प्रशिक्षण का अंत होता है। कोई भी प्रशिक्षु बिना अनुमति लिए प्रशिक्षण स्थल से कहीं और नहीं जा सकता। प्रशिक्षण के दौरान उसे पी.टी. क्लास, हथियारों का प्रशिक्षण, घुड़सवारी, ड्राइविंग, विधि कक्षाओं, अन्वेषण, पुलिस के व्यावहारिक कार्य, खेलों व मानवी मूल्यों की शिक्षा दी जाती है, साथ ही साप्ताहिक परीक्षाओं व सामुदायिक सेवाओं आदि का प्रशिक्षण भी उन्हें दिया जाता है। कई सप्ताह के बाद किसी प्रशिक्षु को घर जाने की अनुमति मिलती है। लेकिन जरूरी नहीं कि वह घर जा ही पाए। छुट्टी कभी भी कैंसिल की जा सकती है। कारण यह है कि कभी–कभार इन प्रशिक्षुओं को सिटी–लॉ और आर्डर ड्यूटीज पर भेज दिया जाता है। त्योहारों के मौके पर विशेष तौर पर इन प्रशिक्षुओं के सहयोग की आवश्यकता होती है। पुलिस सेवा में नियुक्ति के वक्त परिवार के जो सदस्य अत्यंत खुशी मना रहे थे, वे अब अपने बेटे, भाई की सूरत देखने को भी तरस जाते हैं। प्रशिक्षण पूरा होने के बाद पासिंग आऊट परेड इन प्रशिक्षुओं के लिए एक महत्त्वपूर्ण और कैरियर का सबसे बड़ा दिन होता है। इस दिन वे अपने काम के प्रति ईमानदारी व विश्वसनीयता की शपथ लेते हैं। जैसे ही उन्हें उनके पद के बैज लगाए जाते हैं, ये राष्ट्रीय ध्वज की शपथ लेते हैं। इसके बाद उन्हें विभिन्न पुलिस स्टेशनों में नियुक्त कर दिया जाता है।

पुलिस सेवा में असंवेदनशील इकाइयों में नियुक्ति के विपरीत संवेदनशील नियुक्तियां अधिक महत्त्वपूर्ण समझी जाती हैं और जब कोई पुलिस अधिकारी ऐसी संवेदनशील जगहों पर नियुक्त होता है तो यह उसके परिवार के लिए खुशी का एक दूसरा मौका होता है। एक निर्धारित क्षेत्र में रहने वाले लोग उसके अधिकार क्षेत्र का हिस्सा बन जाते हैं। वह किसी व्यक्ति को कानून का उल्लंघन

करने पर गिरफ्तार कर सकता है, जमानत, खोजबीन, चार्जशीट और अपराधी को बिना सजा छोड़ना सब उसके हाथ में होता है। शादी के वक्त उसकी मैरिज 'वैल्यू' भी काफी अधिक बढ़ जाती है। उसका परिवार उसकी शादी के लिए लेन–देन की बात करने लगता है और साथ ही बेटे के पुलिस अधिकारी होने का फायदा बेटी की शादी के लिए भी लेते हैं, लेकिन इसमें भी एक व्यंग्य छुपा है। वह युवा पुलिस अधिकारी खुद नहीं जानता कि वह किस वक्त घर जाएगा और जाएगा भी या नहीं। वह नहीं जानता कि उसका दिन कब शुरू होता है और कब खत्म। ट्रेनिंग खत्म होने के बाद जब उसे पुलिस स्टेशन में नियुक्त किया जाता है तो उसे असंख्य केस फाइलों का निपटान करना होता है। इन फाइलों में अधिकतर वे फाइलें होती हैं जो उसके पूर्व अधिकारी द्वारा स्थानांतरण के वक्त अधूरी कार्यवाही पर छोड़ दी जाती हैं। वह नहीं जानता कि किसी विशेष मामले में पहले कितनी व क्या कार्यवाही की जा चुकी है, लेकिन वह उस मामले में किसी भी त्रुटि के लिए पूरी तरह उत्तरदायी होता है। इसके अतिरिक्त उसे हर रोज अन्वेषण के दूसरे मामलों का निपटारा करना होता है। अफसोस उसके पास कोई सहायक भी नहीं होता। साथ ही किसी भी मामले में अन्वेषण के लिए उसके पास समय भी अधिक नहीं होता, क्योंकि कानून व ऑर्डर ड्यूटीज द्वारा अन्वेषण कार्य का बंटवारा नहीं किया गया है। उसका पूरा दिन न्यायालयों (जहां उसकी उपस्थिति अनिवार्य की गई है), प्रोसिक्यूशन ब्रांच (जो बार–बार उसे बुलाता है)। डॉक्टरों के पास बार–बार चक्कर काटने, फारन्सिक साइंस लैबोरेट्रीज के चक्कर लगाने (जिसकी समस्त कार्यवाही दीर्घावधि विचार–विमर्श पर चलती है), पुलिस स्टेशन में रोजाना सैकड़ों की संख्या में आने वाली शिकायतों को सुनने, कानून व ऑर्डर ड्यूटीज में जाने (धरना, प्रोसिक्यूशन, वीआईपी रूट्स), आपातकालीन ड्यूटी पर जाने और रात–दिन की गश्त में खत्म हो जाता है। ऑफिस की तरफ से उसे यातायात का साधन भी उपलब्ध नहीं कराया जाता। वह पूरे दिन अपने सभी कार्यों को अपने स्कूटर पर करता है। पुलिस स्टेशन आने पर उसे अपने पूरे दिन की रिपोर्ट पुलिस स्टेशन अधिकारी को देनी होती है। उसे एसएचओ को लंबित मामलों की जानकारी भी देनी होती है, क्योंकि एसएचओ को आगे जाकर अपने वरिष्ठ अधिकारियों को उन मामलों के बारे में बताना होता है। इस तरह उसे एक निर्धारित समय सीमा में कार्यालयी नीतियों के तहत अपने लंबित मामलों का निपटारा करना होता है। विभिन्न मामलों में अन्वेषण के दौरान उसे अपनी जेब से पैसा खर्च करना पड़ता है,

जिससे विभाग को कोई लेना–देना नहीं होता। दिल्ली से बाहर भी इन अधिकारियों की नियुक्ति की जाती है और इसके लिए उन्हें खर्च हेतु कोई अग्रिम राशि भी नहीं दी जाती। इस तरह उसे पहले अपने पास से पैसा देना होता है और जब विभाग द्वारा पैसा वापसी की बात आती है तो उसे कई तरह की कागजी कार्यवाही व अनेक प्रश्नों के उत्तर देने होते हैं। कई बार उसे इस समस्त कार्यवाही के कारण अपना पैसा विभाग के पास ही छोड़ना पड़ता है और इस तरह ये युवा पुलिस अधिकारी अपने ही पैसे की अदायगी के विषय में नहीं पूछ पाते। इन परिस्थितियों में वे या तो शिकायत करते हैं या चाहते हैं कि कोई और इसे खामियाजे को भुगते। किसी भी गलती के लिए पूरी तरह वही जिम्मेदार होता है और गलती का पता चलने पर उसकी सुनी भी नहीं जाती। उसे सिर्फ सजा भुगतनी होती है। हम सब जानते हैं कि उसके ऊपर विभाग में, विभाग से बाहर कई उच्चाधिकारी व निरीक्षक होते हैं, जिसके प्रति वह उत्तरदायी है। इस तरह वह नौजवान अधिकारी जो सत्ता को संभालने व प्रभारी काम करने की आशाओं व आकांक्षाओं के साथ पुलिस सेवा में आया था, उसे व्यक्ति असंख्य व्यक्तिगत, व्यावसायिक मांगों और दवाबों के तहत काम करना पड़ता है। उसका परिवार भी उसकी नौकरी का लाभ उठाना चाहता है। बहन की शादी या भाइयों की पढ़ाई का सारा दारोमदार उसी के ऊपर होता है। उससे अनेक लोगों की अपेक्षाएं जुड़ी होती हैं। इसके गांव के बड़े हों या कॉलेज के दोस्त सभी चाहते हैं कि उसके पास एक कार हो, एक घर और एक मोबाइल फोन भी, लेकिन इन चीजों को ये अफसर देख भी नहीं पाते।

इस तरह अनेक सपने, आकांक्षाएं इन युवा शिक्षित अधिकारियों के साथ जुड़ी होती हैं, साथ ही कठोर वास्तविकताएं भी। इन सभी परिस्थितियों को बदला जा सकता है यदि वरिष्ठ अधिकारी अपने रुतबे का सही प्रयोग करते हुए अपर पुलिस अधिकारियों या कर्मचारियों के साथ निकटता के साथ कार्य करें। संभवतः यही एक तरीका है, जिसके द्वारा देश के मजबूत आधार यानी इन नौनिहाल पुलिस अधिकारियों को हताशा व निराशा से बचाया जा सके।

❑

4

अस्वीकृति का अधिकार

एक बार फिर समाचार पत्रों व टेलीविजन समाचारों में चुनावों का मुद्दा गर्माया हुआ है। विश्व के सबसे बड़े लोकतांत्रिक देश भारत में इन दिनों कई निर्वाचन क्षेत्रों में लोकतंत्र के नाम पर भ्रष्टाचार व अपराध की विषबेल फल–फूल रही है। अकेले उत्तर प्रदेश में ही आपराधिक पृष्ठभूमि वाले लगभग 104 उम्मीदवार भारत के भावी भाग्यविधाता होने का दावा कर रहे हैं। इन उम्मीदवारों के साथ जुड़े आपराधों की सूची लूट व अपहरण से शुरू होकर बलात्कार व कत्ल तक जा पहुंचती है। यह कैसी विडम्बना है कि एक ओर हमें विश्व के सबसे विशाल लोकतांत्रिक देश होने पर गर्व है तो दूसरी ओर लोकतंत्र के नाम पर ऐसे लोगों को चुनावी प्रक्रिया के दौरान राष्ट्रीय सुरक्षा नियम के तहत संरक्षण दिया जा रहा है जिन्हें वास्तव में जेल की सलाखों के पीछे होना चाहिए था। दुर्भाग्यवश ऐसा है नहीं, क्योंकि कानूनी दांव–पेंच खेलकर यह उम्मीदवार अपने ऊपर बाइज्जत बरी की मोहर लगवा चुके हैं। ऐसे में उस पुलिस कर्मचारी की स्थिति का अनुमान लगाइए जिसे उसी प्रत्याशी अथवा उम्मीदवार की सुरक्षा का उत्तरदायित्व सौंपा गया है जिसे कभी उसने किसी आपराधिक मामले के तहत गिरफ्तार कर उससे पूछताछ की होगी। यही नहीं, बल्कि उस उम्मीदवार के गुंडे भी बिना लाइसेंस के हथियारों से लैस होकर उसकी सुरक्षा व्यवस्था में महत्त्वपूर्ण भूमिका निभा रहे हैं। ऐसा भी देखने में आया है कि किसी एक निर्वाचन क्षेत्र से सभी प्रत्याशी संदेहास्पद पृष्ठभूमि व व्यक्तित्व वाले हों। इस प्रकार की दुर्भाग्यपूर्ण परिस्थिति में निश्चित रूप से कोई एक तो विजयी होगा ही। विजयी उम्मीदवार के नाते उसे किसी न किसी विभाग व फाइलों की जिम्मेदारी सौंपी जानी भी सुनिश्चित है। फिर यही लोग अपने प्रशासन में प्रत्येक व्यक्ति से जबरन सम्मान हासिल करने का भी प्रयास करेंगे।

क्या पता इन्हीं में से कोई अपने संदेहास्पद व्यक्तित्व के बावजूद किसी मंत्रालय का कार्यभार भी संभाले। ऐसे लोग संवैधानिक शक्ति व अधिकारों का दुरुपयोग करने में कभी कहीं नहीं चूकते। उनका हर निर्देश कानून व व्यवस्था के विपरीत होगा। आइए जरा उन तथ्यों पर गौर करें जो कि भारत में ऐसी शर्मनाक व्यवस्था को सुदृढ़ बना रहे हैं। आखिर क्यों इतने वर्षों से गैर सामाजिक राजनीतिक पुलिस व दफ्तरशाही संबंधों की बेल निरंतर पनपती जा रही है। यह हमारे कानून की कमजोरी है या फिर इस परम्परा के हम आदी हो चुके हैं? इस पेचीदा प्रश्न का उत्तर बहुत सरल है, क्योंकि यह दुर्व्यवस्था हमारे वर्तमान में लागू कानून की देन है। इस कानून को हम 1861 के पुलिस अधिनियिम के नाम से जानते हैं। इन अधिनियम के अनुच्छेद 3 के तहत राज्य सरकारों को ही पुलिस बलों की देखभाल व नियंत्रण के सभी अधिकार सौंपे गए हैं जिसका सीधा तात्पर्य राजनीतिक सत्ताधारियों से है।

1861 में भारत में ब्रिटिश प्रशासन को जीवित व प्रभावी बनाने के लिए सत्ता पर संपूर्ण नियंत्रण आवश्यक था, इसलिए वही नियम बनाए गए जो कि ब्रिटिश सरकार को सर्वाधिक शक्तिशाली बनाएं। स्वतंत्रता के बाद परिस्थितियां व आवश्यकताएं बदलीं, लेकिन एकाधिकार व कमजोर प्रशासन व्यवस्था को जन्म देने वाले कानून को ज्यों का त्यों ही रहने दिया गया। वर्तमान संदर्भों के मद्देनजर इस कानून की स्पष्ट व्याख्या न होने के कारण सामाजिक व्यवस्था चरमरा रही है। यही कारण है कि हवाला कांड जैसे मामलों में हमारी न्यायिक प्रक्रिया की खामियां उभर कर सामने आती रहती हैं। अपरिभाषित व विवशताओं से भरी हमारी न्यायिक व्यवस्था का नियंत्रण राजनीतिक सत्ताधारियों के हाथ में होने के कारण ही आज आपराधिक पृष्ठभूमि वाले 104 उम्मीदवारों को निर्वाचन आयोग को भी क्लीन चिट देनी पड़ी। इसके विपरीत 1996 के ब्रिटेन अधिनियम (अनुच्छेद 36) पर निगाह डालें। इस अधिनियम के अंतर्गत अधिकारों की अपेक्षा मंत्री अथवा सरकार के उत्तरदायित्वों को परिभाषित किया गया है, साथ ही यह स्पष्ट किया गया है कि किस प्रकार उन्हें इन उत्तरदायित्वों का निर्वाह करना है। उदाहरण के तौर पर ब्रिटेन में राज्य के मुख्यमंत्री को अपने अधिकारों को इस प्रकार क्रियाशील करना पड़ता है जिससे उनके समाज में पुलिस बलों की भूमिका को अधिक प्रभावी व कार्यकुशल बनाया जा सके।

ब्रिटेन की इस न्यायिक संरचना के आधार पर राज्य के प्रशासनिक संचालन व्यवस्था को त्रिपक्षीय ढांचे का रूप दिया गया।

(1) प्रशासनिक अधिकारी (हमारे देश में गृहमंत्री के पास यह अधिकार है)।

(2) पुलिस अथॉरिटी (हमारे देश में यह लागू नहीं)।

(3) लोकल चीफ कांस्टेबल

कहने को तो हमारे यहां पुलिस महानिदेशक के पास यह अधिकार है, लेकिन अधिकांश मामलों में उससे परामर्श करना आवश्यक नहीं समझा जाता। यहां तक कि नियुक्ति व स्थानांतरण संबंधी मामलों में भी उसके फैसलों को नजरअंदाज कर दिया जाता है।

इन्हीं बहुआयामी नियमों व कानूनों के कारण ब्रिटेन अपनी कानूनी व्यवस्था में सभी की साझेदारी व उत्तरदायित्व सुनिश्चित कर पाने में समर्थ है, इसलिए यह जानकर आश्चर्य नहीं होना चाहिए कि ब्रिटेन के प्रधानमंत्री टोनी ब्लेयर के सुपुत्र की गिरफ्तारी के समय उन्हें स्वयं पुलिस स्टेशन जाकर उसकी जमानत देनी पड़ी थी जो कि केवल ब्रिटेन के कड़े कानून व नियमों के कारण ही संभव हो सका। क्या हमारे देश में इस तरह की वारदातों के परिणामस्वरूप ऐसी आश्चर्यजनक किन्तु समाज के लिए मिसाल बनने वाली परिस्थितियों का निर्माण कभी हुआ है या हो सकेगा। नहीं, न कभी ऐसा हुआ और न ही यह संभव है, क्योंकि आज भी हम एक ऐसी अपारदर्शी व पुरानी न्यायिक व्यवस्था को अपनाए हुए हैं जिसके अंतर्गत पुलिस महानिदेशक व अन्य पुलिस अधिकारियों की व्यवस्था संबंधी योजना निर्माण में कोई भागीदारी नहीं होती। परिणामस्वरूप निर्मित सामाजिक व प्रशासनिक ढांचे के हम सभी भुक्तभोगी हैं। करीब दो दशक पहले राष्ट्रीय पुलिस आयोग ने पुलिस बलों को सत्ताधारियों के एकाधिकार से पृथक रखने की सिफारिश की थी। आयोग की इस मांग के अनुसार व्यवस्था की यह जिम्मेदारी राज्य सुरक्षा आयोग पर छोड़ देनी चाहिए। ऐसा करने से हालांकि पुलिस बलों का संचालन राज्य सरकारों के अधीन ही रहता, लेकिन उनका उपयोग राज्य सुरक्षा आयोग के नियम व फैसलों के अनुसार ही होता। आयोग द्वारा की गई सिफारिशों में महानिदेशक की नियुक्ति भी एक महत्त्वपूर्ण मुद्दा था जिसके अनुसार राज्य के पुलिस महानिदेशक की नियुक्ति कमीशन (समिति) द्वारा निर्मित पैनल करेगा। गृहमंत्री को इस पैनल के निर्णय में बतौर सदस्य भाग लेने का अधिकार होगा। यही नहीं, बल्कि आयोग द्वारा यह सुझाव भी दिया गया कि पुलिस महानिदेशक की नियुक्ति के उपरांत उसे राजनीतिक उथल–पुथल के बावजूद कम से कम चार वर्ष का कार्यकाल पूरा करने का मौका दिया जाए, लेकिन यह सभी सुझाव कागजों व फाइलों तक ही अपनी पहचान बना सके।

> अस्वीकृति का अधिकार भारतीय कानून व्यवस्था की विधि पर निर्भर है।

यदि इन सुझावों का सख्ती से पालन किया जाता तो खुद को भ्रष्टाचार व अपराध की दुनिया का बेताज बादशाह समझने वालों का इस तरह खुलेआम घूम पाना संभव नहीं होता। नागरिकों के सामने साफ व स्पष्ट छवि वाले उम्मीदवारों में से अपना प्रतिनिधि चुनने का मौका मिलता। चुनावी मुद्दे धर्म व जाति के आधार पर तय होने की अपेक्षा सुव्यवस्थित शासन व बेहतर प्रशासनिक सेवाओं के मद्देनजर तय किए जाते।

संवैधानिक सुधार होने तक हमारे पास मात्र दो ही विकल्प हैं। पहला यह कि मतदाता को मतपत्र पर ही अपनी अस्वीकृति देने का अधिकार व मान्यता दी जाए। वर्ना वर्तमान परिस्थितियों को देखते हुए तो यही कहा जा सकता है कि मतदाता को एक अविश्वसनीय व अयोग्य उम्मीदवार का चयन करने के लिए विवश किया जा रहा है। आखिर उन्हें भी ऐसे उम्मीदवारों को स्पष्ट रूप से अस्वीकृत करने का अधिकार मिलना चाहिए। उम्मीदवार को अस्वीकृत करने का अधिकार उतना हीं महत्वपूर्ण है जितना कि उसे चुनने का। जनहित को ध्यान में रखते हुए श्री प्रकाश सिंह (पूर्व पुलिस महानिदेशक, उत्तर प्रदेश) द्वारा दायर याचिका में इस समस्या का दूसरा विकल्प यानी राज्य नियंत्रण का मुद्दा उठाया गया था। यह याचिका अभी तक सर्वोच्च न्यायालय के पास लंबित है। जनहित की खातिर दाखिल इस याचिका की सुनवाई अविलम्ब होनी चाहिए।

वास्तव में आने वाले वर्षों में भारत की न्यायिक व प्रशासनिक व्यवस्था के सुरक्षित व उज्ज्वल भविष्य के लिए अब यही एकमात्र आशा की किरण शेष है।

5

अपराध निर्मूलन के लिए दृढ़ संकल्प जरूरी

शराब के सेवन से होने वाली मृत्यु की घटनाएं हम सभी के लिए कोई नई बात नहीं है। हम बार–बार अवैध शराब के सेवन से होने वाली मृत्यु के समाचार देखते व पढ़ते हैं। आपने कभी इसके बारे में जानने की कोशिश की है? इस तरह की त्रासदियों की खबरें हमेशा आदेशानुसार जांच–पड़ताल, संदेह व उस क्षेत्र विशेष के स्थानीय पुलिस अधिकारी के तबादले पर जाकर रुक जाती है। इसमें चौंकाने वाला तथ्य यह है कि अवैध शराब की बिक्री करने वाले स्रोतों को स्थानीय एजेंसियों व स्थानीय अथॉरिटी का संरक्षण प्राप्त होता है। ये वही एजेंसियां होती हैं जिन पर इस तरह की अवैध शराब की बिक्री का पता लगाने व उन्हें रोकने का उत्तरदायित्व होता है।

निःसंदेह इस तरह के मामले में धन व सत्ता प्रेरक शक्ति का काम करते हैं। सत्ता संरक्षण देती है और धन से ईमान को खरीदा जाता है, लेकिन इसकी कीमत उन गरीब व नासमझ लोगों को चुकानी पड़ती है जो सस्ती शराब के चक्कर में अपने प्राणों को भी दांव पर लगा देते हैं। यह सही है कि अमीर लोग महंगी शराब पीते हैं और अत्यधिक मदिरापान के कारण अपने जीवन से हाथ धो बैठते हैं और हम ऐसे लोगों को जान भी नहीं पाते कि ये अमीरजादे कौन थे, लेकिन इसे दुर्भाग्य ही कहिए कि गरीब व गरीबी रेखा से नीचे गुजर–बसर करने वाले लोग अपने परिवार की कीमत पर शराब का सेवन करते हैं। अपने इस शौक को पूरा करने के लिए ये लोग उसी पैसे को शराब पर बर्बाद करते हैं जिन पर इनके बच्चों की फीस, परिवार के लिए भोजन व स्वास्थ्य संबंधित जरूरतों का दारोमदार है। परिणामस्वरूप इन लोगों के बच्चे व पत्नियां धनाभाव में भूखों मरते हैं, भीख मांगते हैं, शिक्षा तो फिर इनके लिए दूर की बात है यहां तक कि बीमारी के कारण मर भी जाते हैं। दूसरी ओर

अवैध शराब की बिक्री से जुड़े लोगों को संरक्षण देने से होने वाली काली कमाई से सरकारी खजाने व भ्रष्ट अधिकारियों की जेबें भरती रहती हैं। यह हमारी मानवीयता हमारे सिस्टम के प्रति एक बहुत ही भद्दा व्यंग्य है और प्रत्येक व्यक्ति इसे स्वीकार करने की अपनी जिम्मेदारियों से दूर भाग रहा है।

अवैध शराब की बिक्री व इससे जुड़े लोगों से मेरा पहला सामना उस वक्त हुआ जब मैं पश्चिमी जिले में बतौर डिप्टी कमिश्नर ऑफ पुलिस के रूप में पूरे जिले की आंतरिक सुरक्षा देख रही थी। उस वक्त इसे पश्चिमी दिल्ली 'वैस्ट दिल्ली' नहीं बट दिल्ली कहा जाता था। इसका कारण यह था कि उस वक्त यहां अवैध शराब का धंधा जोरों पर था। एक समुदाय विशेष से जुड़े हजारों लोग पारिवारिक तौर पर अवैध शराब के निर्माण व इसकी बिक्री से जुड़े हुए थे। बहुत सी कालोनियों में यह काम किया जाता था और सभी लोग इससे परिचित भी थे और हां अवैध शराब की बिक्री से जुड़े परिवार व व्यक्ति विशेष के नाम भी सभी लोगों को मालूम थे।

गलियों व सड़कों पर इस शराब की गंध पूरी तरह व्याप्त थी जिससे दूर से ही यह पता लग जाता था कि यहां कच्ची शराब बनाई जाती है। शाम होते ही यहां का दृश्य देखने लायक होता था। उस वक्त को हम अवैध शराब की बिक्री की चरमावस्था कह सकते हैं। निःसंदेह पुलिस के लिए यह एक बड़ी चुनौती की घड़ी थी। उस दौरान छुरेबाजी, उपद्रव, मारपीट, लड़कियों को छेड़ना, घरेलू महिला संबंधी सैकड़ों–हजारों शिकायतों पर पुलिस को भागना पड़ता था। दरअसल एक बुराई दूसरी बुराई को जन्म देती है।

जिला पुलिस में मौजूद हम सभी ने इस विचित्र से चक्र के पूर्ण विनाश की योजना बनाई। हमने प्रतिज्ञा भी कि अब पश्चिमी दिल्ली को इस अवैध शराब की बिक्री से मुक्ति दिलानी है। हमने पुलिस रिकार्ड में मौजूद अवैध शराब की बिक्री करने वाले स्त्री–पुरुषों की एक मीटिंग बुलाई और उन्हें चेतावनी दी कि अब के बाद और अवैध शराब के निर्माण व बिक्री का कोई मामला दिखाई नहीं देना चाहिए और यदि आज के बाद कोई व्यक्ति इस कार्य में संलग्न पाया जाता है या इसके विस्तार में भागीदारी देगा तो उसे गिरफ्तार कर लिया जाएगा। यह सब इसलिए था कि अवैध शराब की बिक्री से जुड़े किसी भी मामले का सुराग हमें इसका मूल्यांकन करने में सहायता करेगा कि क्यों और कैसे अवैध शराब की बिक्री अभी भी जारी है।

यदि ऐसा कोई मामला आता है तो बीट पुलिस अधिकारी इसके लिए पूरी तरह जिम्मेदार होगा। हमने समाज के कुछ प्रमुख लोगों की एक मीटिंग भी बुलाई और उन्हें इस तरह के गैरकानूनी कामों के प्रति हमें सूचित करने के लिए प्रेरित किया।

इसके लिए जिस तरह वे चाहें हमें सूचना दे सकते हैं। अपनी पहचान को छुपाने की उन्हें पूरी छूट भी हमने दी।

अवैध शराब की बिक्री के संबंध में हमें सूचित करने के लिए लोगों के टेलीफोन हमारे पास आने लगे। पुलिस भी इन टेलीफोन कॉल्स पर तुरंत प्रतिक्रिया करने लगी। इस तरह की कार्यवाहियों ने पुलिस के सम्मान व विश्वसनीयता को और अधिक बढ़ाया। हमारे पास और अधिक सूचनाएं आने लगीं। पुलिस को मिलने वाली सूचनाओं में लगातार वृद्धि व पुलिस की तुरंत कार्यवाही से अवैध शराब के धंधे से जुड़े लोगों में डर व्याप्त हो गया और अब वे पुलिस से भागने लगे। इसके बाद उन्होंने अवैध शराब की बिक्री हेतु दूसरी कालोनियों और जगहों की तलाश शुरू कर दी। यदि एक बार में लोग सामने आ जाते हैं तब इनको गिरफ्तार करना व कानून के गिरफ्त में लाना आसान हो जाता है क्योंकि अब वे लोग सामने आ चुके थे अतः उन्हें कोई भी संरक्षण मिलना मुश्किल था।

हमने ऐसे लोगों का पता लगाकर उन्हें गिरफ्तार करना शुरू कर दिया। उन्हें वकीलों की ऊंची फीस के कारण जमानत मिलना भी मुश्किल हो गया। इससे अपराध में काफी गिरावट आई और कारावास अवधि में वृद्धि हुई। मैजिस्ट्रेट भी जिला पुलिस पर विश्वास करने लगे।

पुलिस अपने संकल्प पर अडिग रही और कुछ ही महीनों में अवैध शराब के धंधे से जुड़े लोगों ने पूरी तरह समर्पण कर दिया। वे अपनी गुहार लेकर मेरे कार्यालय तक आए और जैसा कि उन्होंने कहा कि पश्चिमी दिल्ली इतनी 'ड्राई' कभी न थी। वे अपना व अपने परिवार का पेट भरने के लिए अन्य विकल्पों की तलाश में जुट गए ताकि भूखों मरने की नौबत न आए। पुलिस की इस कार्यवाही का उन्होंने यह कहते हुए विरोध किया कि पुलिस उनके परंपरागत व्यापार (अवैध शराब की बिक्री) से बेदखल कर रही है। यह पहली बार था जब उन्होंने अवैध शराब की बिक्री की बात को स्वीकार किया। वे सहायता और समय की मांग करने लगे। हमने समाज कल्याण विभाग को हर संभव उनकी मदद करने को कहा और उसमें हमें सफलता भी मिली। पुलिस और आम जनता की सामूहिक कार्यवाही सफल हुई और नशाखोरी की सबसे बड़ी शिकार बनने वाली नारी जाति की मुक्ति संभव हो पाई।

इस प्रक्रिया में एक्साइज एक्ट के तहत आने वाले मामलों की खोजबीन में कमी आई और साथ ही गिरफ्तारियां भी कम हुईं। दूसरे जिलों के मुकाबले मेरे यहां आई आपराधिक मामलों में कमी के बारे में मुझे जवाबतलब किया गया। दूसरे जिलों में पुलिस अधिकारी मामलों की खोजबीन व गिरफ्तारियों में वृद्धि का दावा कर रहे थे मानो यह एक बड़ी उपलब्धि हो। हमारा मामला बड़े स्तर व जांच पड़ताल व अत्यधिक

गिरफ्तारियों के अभाव में निर्मूलन का मामला था।

> अपराध समाप्ति के लिए दृढ़ संकल्प जरूरी है।

हमारे दृष्टिकोण के मुताबिक स्थानीय, क्षेत्रीय लोग ही वास्तविक गवाह हैं, लेकिन अब प्रश्न उठता है कि हमारा सुपरवाइजिंग ऑफिसर कौन होना चाहिए जो हमारे कार्यों पर निगरानी रखे। तब वर्तमान में सेवानिवृत विशेष सचिव (गृह) भारत सरकार श्री एम.वी. कौशल ने हम पर विश्वास किया। वास्तव में वह हमारी गतिविधियों, कार्यवाहियों के बारे में सब कुछ जानते थे, लेकिन दुविधा की कुछ लकीरें अभी भी उनके माथे पर थीं। यह हमारे क्षेत्र में अपराध निर्मूलन के बढ़ते स्तर व दूसरे क्षेत्रों में अपराध बढ़ते स्तर व खोजबीन को लेकर थी जिसके बारे में उन्हें जवाब देना था। मैं नहीं जानती कि उन्होंने इसके लिए क्या कहा, लेकिन हमें उन्होंने अपराध निर्मूलन के अपने तरीकों में परिवर्तन के लिए कभी नहीं कहा।

पश्चिमी दिल्ली शराब से बहुत हद तक मुक्त थी। यह सब अपराध के निवारण के अपने संकल्प को और अधिक मजबूत करने के लिए था। इसमें अपराध का पता लगाकर और जांच–पड़ताल व गिरफ्तारियों के आंकड़ों में वृद्धि का श्रेय लेने की भावना शून्य थी। हमारा उद्देश्य क्षेत्र के लोगों को बेहतर जीवन का आधार देना था। अब क्षेत्र में मृत्यु और अपराधों की समस्या नहीं थी, बल्कि चारों ओर शांति थी।

परिणाम हर समय, हर परिस्थितियों में संभव है। आवश्यकता है अपराध निवारण के संकल्प रूपी जुनून से अवैध शराब के धंधे को समाप्त करने की।

❑

6

... ताकि कानून व्यवस्था सुचारू रूप से चलती रहे

दिल्ली पुलिस ट्रेनिंग स्कूल में तकरीबन 1500 से भी ज्यादा नए सिपाही कांस्टेबल की ट्रेनिंग ले रहे थे। वे सभी अपनी लगभग छः महीने की ट्रेनिंग पूरी कर चुके थे और बाकी बची छः महीने की ट्रेनिंग पूरी करने जा रहे थे। उन्हीं दिनों दीपावली पर्व के कारण पुलिसकर्मियों की बहुत मांग थी, ताकि इस पर्व के दिनों के दौरान अधिक भीड़–भाड़ की वजह से कानून व्यवस्था सुचारू रूप से चलती रहे, इसलिए इन नए सिपाहियों में से कुछ को अपनी सेवा प्रदान करने के मकसद से बुलाया गया था। पुलिस प्रशिक्षण स्कूल में हम इस बात को लेकर काफी उत्साहित थे कि वे लोग पुलिस के कार्यक्षेत्र में जाकर लिए गए प्रशिक्षण का वास्तविक परीक्षण कर सकेंगे और सच्चाई का सामना करने के साथ–साथ अपने कार्यों का आकलन भी कर सकेंगे। उन्हें भेजने से पहले हमने कुछ सख्त हिदायतें दीं। इन हिदायतों का पालन करने पर बल भी दिया। इनमें अर्थात् इन हिदायतों में सबसे महत्त्वपूर्ण एवं पहली हिदायत यह थी कि यह उनकी पहली दीपावली की स्वैच्छिक ड्यूटी थी जिसमें उन्हें आम आदमी की सुरक्षा व्यवस्था देखनी थी।

इसमें हमने उन्हें दूसरी महत्त्वपूर्ण हिदायत यह दी थी कि कोई भी पुलिस कांस्टेबल किसी भी दुकान से बिना मूल्य चुकाए कुछ भी नहीं लेगा। हमने उन्हें सघन भावनात्मक ढंग से जोड़ा क्योंकि वे घर से दूर अपनी पहली दीपावली की ड्यूटी पर सिपाही नियुक्त होकर जा रहे थे, सामान्यतः शिकायत यह रहती है कि सिपाही खाते हैं मगर पैसा नहीं देते। यहां तक कि मिठाई और उपहारों की उगाही भी करते हैं। पुलिसकर्मियों के ड्यूटी पर से लौटने पर मैं उनसे सामूहिक

हम 'नई पीढ़ी' के 'नए चेहरे' भारतीय पुलिस से।

रूप से मिली। इन पुलिसकर्मियों की संख्या तकरीबन 350 के करीब थी। मैंने उनकी बातों को सीधे उन्हीं की जुबान से और बड़े ध्यान से सुना और महसूस किया कि उन्होंने जो बतलाया और निरीक्षण किया था वह बहुत गतिशील व बुद्धिमत्तापूर्ण था। तब मैंने उन्हें कहा कि वे सभी जो उन्होंने देखा वह एक 'आंखों देखी' लिखें। उन्होंने 'आंखों देखी' लिखी। मैं उन सभी के पास गई और उनके अनुभव लिए। उन में से मैंने पाठकों के लिए एक 'आंखों देखी' का चुनाव किया। यह बेहद गोपनीय और रोचक है जो इस सिपाही ने अपनी पहली ड्यूटी के दौरान देखा।

मेरी पहली ड्यूटी की आंखों देखी

मुझे 14.11.2001 को दीपावली के दिन अरेंजमैंट हेतु जाने का मौका मिला। मैं अपनी प्लाटून के साथ शाम 4 बजे बस द्वारा पी.टी.सी. से निकाला। मुझे बड़ी खुशी हो रही थी, क्योंकि यह जनता के बीच फील्ड में मेरी प्रथम ड्यूटी थी और मैं फील्ड पर ड्यूटी की वास्तविकता से गुजरने वाला था। मेरे नौ साथियों की ड्यूटी थाना पश्चिम विहार में लगी, हम वहां पर 5.30 बजे पहुंचे। वहां पर हमारी ब्रीफिंग थाना प्रबंधक इंस्पैक्टर ओ.पी. अहलावन ने की। उन्होंने समझाया कि यहां पर तुम लोग एक जिम्मेदारी, एक ट्रेंड पुलिस मैन जितनी ही है और अपने क्षेत्र में घटित होने वाली प्रत्येक घटना का पूर्ण जिम्मेदारी तुम्हारे ऊपर होगी। तुम्हें किसी के साथ भी बदतमीजी से पेश नहीं आना है और खुद को एक जिम्मेदार पुलिस ऑफिसर समझकर अपनी ड्यूटी निभानी है। फिर मुझे मेरे पांच अन्य साथियों के साथ बीट नं 8 की ज्वालाहेड़ी बीट पर बीट कांस्टेबल प्रवीन के साथ भेज दिया गया।

वहां हमारी ड्यूटी सड़क के तिराहे पर यातायात को व्यवस्थित करना तथा मार्केट में घूमकर संदिग्ध व्यक्तियों पर निगाह रखना था, लेकिन मैंने वहां देखा कि बीट कांस्टेबल रिक्शा वालों से खराब व्यवहार कर रहा था तथा जो सवारी ला रहे थे उनकी हवा निकाल रहा था, लेकिन कार मालिक जो गलत जगह कार पार्क कर रहे थे, उन्हें कुछ भी नहीं कह रहा था।

वह हमें यह बताकर कि किस तरह का व्यवहार करना है चला गया। मुझे बहुत दुःख हुआ कि रिक्शा वाले की क्या गलती थी सिर्फ यही कि वह गरीब था, इसलिए

ही उसके साथ ऐसा व्यवहार किया गया। बीट कांस्टेबल के जाने के बाद मैं और मेरे साथियों ने निश्चय किया कि हम ऐसा नहीं करेंगे। थोड़ आगे दीपावली के अवसर पर एक गेट बना हुआ था। हमने रिक्शा वालों को प्यार से समझाकर वहां खड़ा होने के लिए कहा तो वे हमारे इस व्यवहार पर हैरान हो गए। एक रिक्शे में एक महिला बैठी थी वो हमारे व्यवहार को देखकर बोलीं कि तुम कौन सी पुलिस में हो, क्या यह नई जगह से आई है। मैंने आज तक पुलिस का यह व्यवहार नहीं देखा था।

मैंने जवाब दिया कि मैडम हम कोई और पुलिस नहीं हैं, हम दिल्ली पुलिस ही हैं, लेकिन हमे पी.टी.सी. झड़ौदा कलां से आए हैं जहां पर हमें सिखाया गया है कि पुलिस जनता की सेवक होती है। इस पर उसने कहा कि वहां पर तो शायद मैडम किरण बेदी जी हैं। उन्होंने ही यह परिवर्तन किया होगा। फिर हम दो–दो के ग्रुप बनाकर बारी–बारी से मार्केट में पेट्रोलिंग करने लगे। हमने देखा कि पहले तो सभी दुकानदार व ठेले वाले हमें सहमी नजरों से देख रहे थे। कुछ हाथ उठाकर हमारा अभिवादन भी कर रहे थे, लेकिन जब उन्होंने हमारा व्यवहार देखा तो वे खुश नजर आ रहे थे। हमने कहीं भी अनावश्यक भीड़ नहीं जमने दी जहां भी कुछ आवारा टाइप लड़के खड़े मिलते हम उनसे विनम्रतापूर्वक ऐसे खड़ा होने से मना करते तो वे हमारी तरफ असमंजस की नजरों से देखते हुए चले गए, क्योंकि वह पॉश कॉलोनी है और भीड़–भाड़ में कोई भी छीना–झपटी की घटना हो सकती थी। अतः हमने कहीं भी अनावश्यक भीड़ न जमने दी इसके पश्चात् रात 8.30 पर बीट कांस्टेबल ने हमें वापस थाना भेज दिया जहां पर हमने खाने के विषय में डी.ओ. से पूछताछ की तो उसने बताया कि हम भी भूखे बैठे हैं।

हमने पूछा कि कोई होटल या ढाबा है तो उसने जवाब दिया कि इस इलाके में कोई ढाबा नहीं है और होटल आज दीपावली की वजह से सभी बंद हैं। तुम खुद कोई प्रबंध कर लो, इसके पश्चात हम सड़क के किनारे चलकर देखने लगे। हमें एक खोखे के अंदर एक छोटा ढाबा दिखा जहां कुछ गरीब व्यक्ति खाना खा रहे थे। हम भी वहां गए और दो–दो, तीन–तीन चपातियां खाकर उसे उसका बिल चुकाकर जो उसने 45 रुपए बताया देकर चले आए। वह भी आश्चर्य से हमारी तरफ देख रहा था, क्योंकि उसे यह लगा होगा कि पुलिस वाले हैं दीपावली के अवसर पर खाकर ऐसे ही चले जाएंगे। वह बार–बार हमारा अभिवादन कर रहा था।

इसके बाद हम वापस थाने में लौट आए और इसके बाद हमने थाने में देखा कि कैसे डी.ओ. बैठता है। रिकार्ड मोहर्रिर कहां बैठता है। हवालात कैसी

होती है, आदि। फिर रात 11.00 बजे से हम वापस पी.टी.सी. 12.30 पर अन्य साथियों के साथ वापस लौट आए। मुझे यह बहुत खुशी हुई कि मेरी प्रथम ड्यूटी के दौरान कोई ऐसी घटना नहीं घटी जो मुझे व मेरे पी.टी.सी. को नीचा दिखाती, क्योंकि हमें ही पी.टी.सी. का नेतृत्व फील्ड पर करना था और अपने पी.टी.सी. के मानदंडों पर खरा उतरना था। यहां जो नैतिक शिक्षा दी जाती है उसे व्यवहार में ढालकर जनता के सामने एक नई पुलिस का रूप दिखाना था जिसमें हम सभी कामयाब हुए।

❑

7

प्रशिक्षण से होने वाले फायदे

आप क्या चाहते हैं–सफलता या असफलता। ठीक दो साल पहले 1612 नए प्रशिक्षु पुलिस ट्रेनिंग पाने हेतु दिल्ली पुलिस प्रशिक्षण केंद्र में आए। उत्तरी भारत के विभिन्न हिस्सों से भिन्न पृष्ठभूमियों व मानसिकता के साथ ये प्रशिक्षु हमारे पास ट्रेनिंग के लिए आए थे। इन सभी को हमें मजबूत व योग्य पुलिस अधिकारी बनाना था। हमारे लिए यह बड़ी चुनौती थी। हमने पूरी ईमानदारी व निष्ठा से सामना किया। हाल ही में इन सभी प्रशिक्षुओं ने अपना पुलिस प्रशिक्षण समाप्त किया। प्रशिक्षण के दौरान ये सभी प्रशिक्षु हमारे पास ही रहे। अनुशासन व कड़ी मेहनत की छांव तले बिताए अपने इस एक साल में इन प्रशिक्षुओं ने क्या सीखा और इनमें प्रशिक्षण पाने के बाद क्या अंतर आया, यह सब जानने के लिए हमने इनसे चार प्रश्न पूछे। पहला प्रश्न था–जब आप पुलिस में भर्ती हुए और प्रशिक्षण के लिए पुलिस ट्रेनिंग केंद्र में आए, उस वक्त आपकी मानसिकता क्या थी यानी उस वक्त आप क्या सोचते थे? दूसरा–अब आप कैसा सोचते हैं? तीसरा–क्या आपने अपनी सोच में कोई अंतर महसूस किया? यदि हां तो इसे विस्तार से बताएं। चौथा–पुलिस ट्रेनिंग के दौरान किस कार्यक्रम ने आपकी सोच में परिवर्तन करने के लिए आपको सबसे अधिक प्रभावित किया?

मुझे उनके जवाब मिले, जो काफी रूचिकर थे। यहां मैं उनमें से कुछ प्रशिक्षुओं के जवाबों को आपके साथ सांझा कर रही हूं, क्योंकि समाज का एक अभिन्न हिस्सा होने के नाते हमारे लिए यह जानना बहुत आवश्यक हो जाता है कि इन युवा प्रशिक्षुओं के जीवन में क्या घटा, जिसने इनकी मानसिकता में परिवर्तन किया और यह सब क्यों जरूरी था।

जब आप दिल्ली पुलिस में भर्ती हुए और ट्रेनिंग के लिए प्रशिक्षण केंद्र आए उस वक्त आप क्या सोचते थे?

1. मैं अपनी गरीबी व बेरोजगारी को दूर करने के लिए इस सेवा में आया। इससे पहले मुझे पुलिस के नाम से भी घृणा थी, लेकिन मैं पुलिस की वर्दी भी पहनना चाहता था। यही कारण था कि मैं पुलिस सेवा में आया।
2. मेरे दिमाग में सिर्फ एक बात थी कि अब मुझे नौकरी मिल गई है और मैं बेरोजगार नहीं हूं। साथ ही अब मैं बहुत सा पैसा बना सकता हूं। मैंने कुछ लोगों से सुन रखा था कि पुलिस ट्रेनिंग काफी कठोर होती है और यह हमें संवेदनहीन व निर्दयी बना देती है।
3. जब दिल्ली पुलिस सेवा के लिए मुझे चुना गया तो मैं सिर्फ और सिर्फ अपने परिवार व उसकी जरूरतों के बारे में सोच रहा था।
4. क्योंकि मेरे पिता दिल्ली पुलिस में हैं, इसलिए मैंने दिल्ली पुलिस को काफी नजदीक से देखा व समझा है। इस सेवा के प्रति मेरा दृष्टिकोण नकारात्मक था। मैं सोचता था कि पुलिस का अर्थ केवल अपने बारे में सोचना, लंबी–लंबी मूंछें, शराबी और धैर्य खो देने वाला गुस्सैल इंसान होना था।
5. जब मैं पुलिस में आया उस समय मुझे लगता था कि प्रशिक्षण के दौरान हमें बुरी तरह पीसा जाएगा और हमें कठोर भाषा बोलनी सिखाई जाएगी, जिसके द्वारा हम अपनी संवेदनाओं को खो देंगे।
6. इस सेवा में आने का मेरा उद्देश्य स्वार्थ से पूर्ण था। मैं केवल अपने धर्म को महत्त्व देता था और दूसरे विश्वासों से मैं घृणा करता था। मैं अपनी जिम्मेदारियों के प्रति भी लापरवाह था।

अब आप क्या सोचते हैं?

1. अब मैं पहले की तरह नहीं सोचता। पहले मेरा उद्देश्य मात्र रोजगार पाना और धन कमाना था, लेकिन अब मेरी सोच बदल चुकी है। अब मेरे लिए ड्यूटी का अर्थ अधिक से अधिक लोगों की भलाई के लिए कार्य करना है। लोगों का सहयोग पाना और ईमानदार बनना है। साथ ही अब मैं अपने आपको लोगों की गरिमा कम करने, उन पर राज करने वाला व उन्हें हुकुम देने वाला न मानकर उनका सेवक मानता हूं।
2. अब मैं पूरी तरह बदल चुका हूं। पहले मैं सोचता था कि मैंने बी.एड. किया है और मैं एक दिन अध्यापक जरूर बनूंगा, लेकिन अब ट्रेनिंग के बाद मैं सोचता हूं कि पुलिस सेवा मेरे लिए समाज सेवा का अच्छा अवसर है और साथ ही यह समाज को सुख भी प्रदान करेगी।

3. पहले मैं मानसिक तौर पर काफी परेशान रहता था, लेकिन ट्रेनिंग ने मुझे वक्त का पाबंद, ईमानदार, निडर व अपने काम के प्रति जागरूक बनाया। मैंने संभावित चुनौतियों का सामना करना भी सीखा है और अब मैं हर वक्त उन चुनौतियों के लिए अपने को तैयार पाता हूं।
4. अब मैं केवल अपने परिवार के लिए नहीं सोचता हूं। अब मेरी सोच समाज के सभी वर्गों व जन–जन के कल्याण तक विस्तृत हो चुकी है। मेरे लिए अब समस्त समाज व देश मेरा परिवार है और उसकी सुरक्षा मेरी जिम्मेदारी है।

क्या आप अपनी मूल सोच व मानसिकता में कोई अंतर महसूस करते हैं? यदि हां तो इसे विस्तार से बताएं।

1. ट्रेनिंग के बाद मेरी सोच व दृष्टिकोण में काफी बदलाव आया है। ट्रेनिंग के दौरान जिन कार्यक्रमों ने मुझे सबसे अधिक लाभांवित किया उनमें धार्मिक विचारों पर कार्यक्रम, विपासना व जीने की कला है। उदाहरण के लिए, पहले मैं अपना धैर्य तुरंत खो देता था और मुझे गुस्सा तुरंत आ जाता था।

   अब मैं अपने आप पर नियंत्रण करना सीख गया हूं। अब मैं अपने माता–पिता को पहले से ज्यादा आदर देता हूं व अपनी पत्नी के प्रति मेरा प्यार व उसका ख्याल रखने की भावना बढ़ी है। जैसा कि मैं पहले नहीं करता था। पहले मैं अपनी पत्नी से मार–पिटाई भी कर देता था। अब मैं अन्याय के प्रति काफी संवेदनशील बन गया हूं। अब मैं अपने प्राणों की बाजी लगाकर भी देश की रक्षा करने के लिए तैयार हूं।
2. हां, अब मैं बदल चुका हूं। यह बस पुलिस ट्रेनिंग व इसके परिवेश में आने के बाद हुआ। पहले मेरा जीवन दिशाहीन था। अब मैं महसूस करता हूं कि मेरा जीवन एक नए सिरे से शुरू हुआ है। उदाहरण के लिए, अब मैं एक बेटे, पिता व जिम्मेदार नागरिक के रूप में अपनी जिम्मेदारियों को समझने लगा हूं। अब परिवार का अर्थ मेरे लिए समाज व इसके नागरिकों, पुरुष, स्त्री, बच्चे, बूढ़े व जवान सभी से है और इनकी सुरक्षा मेरा पहला कर्त्तव्य है।

प्रशिक्षण के दौरान आपकी मौलिक सोच के बलदने में किस कार्यक्रम ने सबसे अधिक प्रभावित किया?

इस प्रश्न के जवाब में सभी 1611 प्रशिक्षुओं की प्रतिक्रिया एक ही विश्लेषण पर आधारित थी। उन सभी का मानना था कि कोई भी प्रशिक्षण मूल्य आधारित शिक्षा के अभाव में अधूरा है।

> जहां है, वहीं से शुरूआत करें और परिवर्तन देखें।

हम लोगों को कानून, गिरफ्तारी, सर्च, खोज, मुकदमे व दंडविधान के बारे में बता सकते हैं, लेकिन प्रशिक्षण के दौरान यह सब अन्वेषण व्यर्थ हो जाएगा यदि ज्ञान का मार्ग दिखाने वाले मौलिक मानवीय मूल्यों को नहीं सिखाया जाएगा। इन 1611 प्रशिक्षुओं के दृष्टिकोण में परिवर्तन लाने वाले कार्यक्रमों में (क) पुलिस प्रशिक्षण केंद्र में रोजाना होने वाले प्रवचन (जिसमें सर्वधर्म, जीवन की कला, योगा और विपासना कार्यक्रम शामिल थे), (ख) सुपरवाइजरों द्वारा प्रशिक्षुओं के साथ सीधे संवाद व विचार–विमर्श तथा प्रशिक्षुओं का मार्ग दर्शन व उनकी गतिविधियों का नियमित मूल्यांकन, (ग) पास से प्रशिक्षुओं पर नजर रखना व उन्हें नियंत्रण में रखना, (घ) पूरे अनुशासन के साथ वैलफेयर ट्रेनिंग, (ङ) पुलिस प्रशिक्षण केंद्र व प्रशिक्षण के प्रति नियमित प्रतिक्रिया कार्यक्रम में प्रशिक्षुओं की हिस्सेदारी, (च) सुपरवाइजरों व अध्यापकों का रोल मॉडल्स होना व इसी तरह के दूसरे कार्यक्रम प्रमुख थे।

वास्तव में यदि हमारी ट्रेनिंग ने उनकी मानसिकता व सोच में यह बदलाव नहीं किया होता और उन्हें प्रभावित नहीं किया होता तो हम अज्ञानतावश समाज को खाकी वर्दी वाले स्वार्थी लोग देकर उसके कष्टों व संकटों में और इजाफा कर चुके होते। सभी प्रशिक्षुओं, सुपरवाइजरों, प्रशिक्षणदाताओं व अभिभावकों के लिए यह प्रतिक्रिया एक सीख है, जिससे वे बहुत कुछ सीख सकते हैं। यह स्पष्ट रूप से हमें बताता है कि हम क्यों विभिन्न क्षेत्रों में असफल हो रहे हैं और इस हार को किस तरह सफलता में बदला जा सकता है।

❑

8

पुलिस में महिलाओं की स्थिति

मैं आप सबके साथ दो बड़ी ही दिलचस्प घटनाओं को सांझा करने जा रही हूं। उनमें पहली पुलिस सेवा में पुरुष अधिकारियों से संबंधित है, जबकि दूसरी महिला पुलिस कर्मियों से।

स्वतंत्रता प्राप्ति के बाद यह पहली बार था, जब वर्ष 2002 के फरवरी माह में 'वूमन इन पुलिस' यानी पुलिस सेवा में महिलाओं के योगदान पर राष्ट्र स्तरीय सम्मेलन का आयोजन किया गया। इस सम्मेलन में राज्य स्तरीय मुद्दों व अन्य विषयों पर विचार– विमर्श के लिए राष्ट्रीय व राज्य स्तर की लगभग 555 महिला अधिकारियों ने हिस्सा लिया। सम्मेलन में मौजूद ये महिला पुलिस कर्मी सिपाही से लेकर भारतीय पुलिस सेवा के वरिष्ठ पदों पर कार्यरत थीं। सम्मेलन में कुछ मूलभूत मुद्दों को अपने अनुभवों से जानने व समझने के उद्देश्य से एक प्रश्नावली भी वितरित की गई। इस शोध के परिणाम ब्रिटिश काउंसिल द्वारा मनोनीत प्रख्यात समाज वैज्ञानिक जया एंडसन द्वार उद्घाटित किए गए, जो कुछ परिणाम सामने आए उनमें पुलिस सेवा में कार्यरत महिलाएं, 'रोल सरीसन' से प्रेरित हैं। रोल सरिसन का अर्थ है कि उन्हें अपनी योग्यता व क्षमता को सिद्ध करने का मौका नहीं दिया जाता। वे ऐसे पदों पर आसीन हैं जहां वे अपनी योग्यता का पूर्ण इस्तेमाल नहीं कर पाती हैं।

ये 'साफ्ट जेंडर बेस्ड' कहलाने वाले जिसका कोई प्रभाव नहीं है और ऐसे पदों पर आसीन हैं जो हाशिए पर है। कम शब्दों में पुलिस में महिलाओं की स्थिति एकदम पीछे है। इसके लिए वर्तमान नीतियां और संरचना जिम्मेदार है। एक दूसरी चीज है इंटररोल स्ट्रेस (अंतर्कर्त्तव्य तनाव)। कोई भी महिला अपनी परंपरागत भूमिका में बिना किसी राहत के पुलिस कैरियर में एक अतिरिक्त तनाव में रहती है।

यदि कोई ! दृढ़ संकल्प के साथ है तो खुशहाली के लिए कुछ भी बदला जा ! सकता है।

विवाहित, तलाकशुदा, विधवा, जिसके परिवार भी हैं, ऐसी महिला किसी भी अन्य महिलाओं की अपेक्षा अधिक तनावयुक्त रहती है। तीसरी चीज जो मैं कहना चाहती हूं वह है महिलाओं में व्यक्तिगत अपूर्णता, अक्षमता की भावना। उनमें व्यावसायिक गुणों का अभाव रह जाता है तथा आधारभूत प्रशिक्षण भी अपर्याप्त होता है। इसके परिणामस्वरूप महिलाओं में अपने काम के प्रति घबराहट होती है और उनका कार्य के प्रति अभिमुख अनदेखा रह जाता है और उनकी अक्षमता लोगों को नजर आ जाती है।

उपर्युक्त तीनों बातों से यह साफ देखा जा सकता है कि कैसे भारत में महिला पुलिस हाशिए पर है और उन्हें देश और समाज के प्रति अपना सर्वस्व देने से रोका जाता है। उपर्युक्त तीनों बातों में सुधार लाया जा सकता है। बस जरूरत है सही नियम और सही रूप में उपर्युक्त नेतृत्व। सबसे पहले आधारभूत आवश्यकता है संवेदनशील और उत्तरदायित्वपूर्ण नेतृत्व की। नेतृत्व ऐसा हो जो कि जमीनी सच्चाई से वाकिफ हो। अगर ऐसा हो गया तो समाज को इसका पूरा लाभ मिलेगा और देश इसके बदले में महिलाओं को पुलिस में रोजगार देगा।

आइए, अब थोड़ा पुरुष पुलिस के बारे में बातचीत की जाए। हम लोग प्रशिक्षकों के प्रशिक्षण पाठ्यक्रम को समाप्त करके थोड़ी सी राहत लेने के बाद तीर्थयात्रा पर निकल गए। यह उनके पाठ्यक्रम का ही हिस्सा था। साथ ही साथ यात्रा भी हो रही थी। इसके जरिए उनमें टीम भावना, सहिष्णुता देने और बांटने की आदत और वरीयता ढूंढना प्रमुख उद्देश्य था।

यात्रा के दौरान पवित्र स्थल का भी दौरा किया गया, जहां आध्यात्म को महसूस करने का प्रयत्न किया गया। कुल पुरुष पुलिस अधिकारियों ने इसे आश्चर्यजनक माना। इनमें से कुछ ने तो पहली बार पहाड़ी के दर्शन किए थे। इससे पहले उन्होंने कल्पनाओं में पहाड़ों, शिखरों को देखा था। वे पहली बार इसका साक्षात स्वरूप देख रहे थे। 20 बैच के दो अधिकारियों ने पहाड़ों के घुमाव और तीक्ष्ण मोड़ को देखकर अपनी आंखें बंद कर लीं और ईश्वर से अपनी सुरक्षा के लिए प्रार्थना करने लगे। दूसरों की भी ऐसी ही स्थिति थी। उनकी पहाड़ पर अंतिम यात्रा 1998 में थी और टेहरी डैम को देखने के बाद बहुतों ने ऊंचाई से डरने की शिकायत की। आप कल्पना कीजिए, उन्होंने क्या कहा होगा?

उनके शिक्षक कर्नल गुप्ता एन आई एस स्पार्टा ग्रुप ने कहा कि एक कमरे में सात पुलिस अधिकारी रुके हुए थे, जहां उन्होंने आग्रह, प्रतीक्षा, धन्यवाद कहना

यहां तक कि माफी मांगना तक सीखा। वे एक बार सामान्य आदमी की तरह हो गए और अपनी पुलिस की वर्दी को भूल गए। उनमें से कुछ को जिन्हें कला नहीं आती थी, उन्होंने भी यह सीख लिया। यहां पर महिला और पुलिस अधिकारियों में कई अंतर हैं।

एक तरफ तो उन्हें पढ़ने नहीं दिया जाता। उपयोगिता सिद्ध करने के अवसर से वंचित रखा जाता है। अधूरा प्रशिक्षण उसके साथ ढेर सारा तनाव दे जाता है। यहां तक कि उनकी भूमिका को भी सीमित किया जाता है। दूसरी तरफ पुरुष हैं जो कि ऊंचाई से घबराते हैं। कभी पहाड़ की यात्रा नहीं की है और देने की कला को भूल चुके हैं। उनमें प्रशिक्षण के द्वारा ये सब गुण डाल दिये जाते हैं। यही महिलाओं के साथ होता था। अपने शीतकालीन प्रशिक्षण से लौटने पर वे अपने पुरुष साथियों से कहती हैं, 'साथियों आप गंदे शब्दों के इस्तेमाल के साथ दयापूर्ण और साफ शब्दों का प्रयोग कैसे कर लेते हैं। उन्होंने कहा कि पुरुषों ने एक नए परिवर्तन के साथ अपने काम की शुरुआत की।' जो भी हो परिवर्तन अच्छाई के लिए होता है। इसके लिए संकल्प और देने की आदत की आवश्यकता होती है।

❑

9

कौन सी पंचशील?

विपासना कोर्स की रजत जयंती (जो कि पुलिस अधिकारियों के लिए चलाई जा रही थी), में फीडबैक लेने के बाद मैं मैडिटेशन हॉल छोड़ने वाली ही थी कि हमारे गुरु बनवार सिंह सहवाल जो कि यह कोर्स चला रहे थे, उन्होंने मुझसे कहा कि वह अपने कुछ अनुभव हमारे साथ बांटना चाहते हैं तो मैंने तुरंत हामी भर दी। आमतौर पर गुरु अपने अनुभव काफी कम बांटते हैं, लेकिन उन्होंने जो अनुभव बताए वह हमारे लिए एकदम अनोखे थे। यहां पर मेरा कर्त्तव्य बनता है कि मैं आप सबकी भलाई के लिए यह अनुभव बांटू। इसे पढ़ने से धम्म के शुद्ध अर्थ को तथा विपासना को समझा जा सकता है। गुरु के व्यक्तव्य उन्हीं के शब्दों में इस प्रकार हैं:

'मैं बनवार सिंह सहवाल हूं और मैंने राजस्थान प्रशासनिक अधिकारी से सेवानिवृत्ति प्राप्त की है। 1974 में मैं जब राजस्थान शिक्षा विभाग में शैक्षणिक मनोविज्ञान का शिक्षक था, उस समय मैं छह बच्चों का पिता था। मेरे ऊपर माता– पिता, बहन और भाइयों की भी निर्भरता थी। इतने बड़े परिवार में मैं ही सिर्फ कमाने वाला व्यक्ति था। इस वजह से मुझ में अज्ञात सा भय आ गया था। मैं हमेशा इस बात से चिंतित रहता था कि अगर मेरे साथ कुछ गलत हो गया तो मेरे परिवार का क्या होगा? मेरी मनोविकृति और बढ़ गई, जिसका असर मेरे व्याख्यान पर भी पड़ा, पहले मैं घंटों बोल सकता था, लेकिन अब ऐसी स्थिति नहीं थी। मेरा हकलाना मुझे और मेरे साथियों को काफी परेशान करता था। मैं लगभग निराश हो चुका था। एक बार मैं अजमेर अपने माता–पिता से मिलने जा रहा था। रेलवे स्टेशन से निकलकर मैं रिक्शा लेने के लिए सड़क

पार कर रहा था, तभी एक मित्र ने मेरे पास आकर सूचना दी कि 'विपासना' के गुरु श्री सत्यनारायण गोयनका अजमेर के जैन आश्रम में विपासना की शिक्षा देंगे। इतना बोलकर वह चला गया, लेकिन घर आने के बाद मैंने वहां जाना जरूरी समझा। जैन आश्रम में पहुंचने के बाद मैंने देखा कि कोर्स करने वाले लगभग भरे हुए थे और मैं 25 अन्य लोगों के साथ बाहर खड़ा था, जिन्हें जगह नहीं मिल पाई थी। मैंने प्रतीक्षा करने का निश्चय किया और गोयनका जी से व्यक्तिगत रूप से किसी भी तरह कोर्स में शामिल होने का आग्रह किया। कुछ देर के बाद श्री गोयनका आए और प्रतीक्षारत लोगों को देखकर व्यवस्थापकों को भोजनकक्ष खाली करने का आदेश दिया, जिससे कि एक और मैडिटेशन हाल बन सके।

मैंने एक कोने में अपने लिए जगह बनाई। इस समय 6.30 बज रहे थे। मैं और अन्य लोगों ने निर्देशानुसार 'अनुप्राण' करना प्रारंभ किया। रात के 9 बजे हम लोगों ने अनुमति मांगी। दूसरे दिन प्रातः 4 बजे हम लोग फिर 'मैडिटेशन हाल' में लौटे और निर्देशानुसार 'ब्रेथ वाच' अपने ऊपरी होंठ से प्रारंभ किया। दो घंटे के दौरान ही मैं अपने ऊपरी होंठ और पूरे चेहरे पर ताजगी महसूस करने लगा। इसके बाद मेरी हथेली में उत्तेजना महसूस होने लगी। मैं इसे समझ गया और मैंने अपनी सांस को अंदर लाने और बाहर निकालने की प्रक्रिया जारी रखी। इसके बाद हम लोग सुबह के भोजन के लिए उठे। कार्यक्रम के नियमानुसार मैं 8.30 बजे मेडिटेशन हाल में फिर पहुंचा। इस बार मैंने अपनी स्थिति थोड़ी बदल ली। दूसरी पंक्ति में गोयनका जी के सामने बैठा। एक बार फिर मैंने वही प्रक्रिया शुरू की। इस बार फिर उत्तेजना वापस लौटी साथ में मेरा शरीर थरथराने लगा और मैं रुका नहीं। मेरी आंखों से आंसू गिरने लगे और तेजी से मेरे गालों पर बहने लगे। मैं शिक्षक के करीब बैठा हुआ था और सिर्फ मेरी स्थिति ही इस तरह की थी। मैंने अपनी सांसों पर ध्यान देना जारी रखा और शरीर का कांपना, उत्तेजना और आंसू तीन दिनों के मैडिटेशन के बाद नियंत्रण में आ गए। चौथे दिन मैं एकदम शांति महसूस करने लगा। तीसरे दिन शाम को हम लोगों ने विपासना प्रारंभ किया और अब मैं अपने शरीर के अंदर उत्तेजना महसूस करने लगा। मेरे शरीर के अंदर उत्तेजना अंगूठे से सिर और सिर से अंगूठे तक परिक्रमा करने लगी। शाम के समय मुझे ऐसा होने का कारण समझ में आया।

छठे दिन मुझे पीठ में दर्द महसूस हुआ। यह दर्द पिछले कई वर्षों से था। मैंने विपासना द्वारा अपने शरीर का निरीक्षण किया। दूसरे दिन यह दर्द गायब था। नौवें दिन मैं अपने आपको एक पंख की तरह हल्का महसूस कर रहा था।

मैंने अपने शिक्षक को अपने अनुभव बताए कि मेरा थरथराना एकदम बंद हो गया है। मेरा व्याख्यान भी पहले जैसा हो गया।

> **!** हर समस्या का हल हमारे बीच में ही उपलब्ध है। **!**

'धम्म' का चमत्कार यहीं पर नहीं रुका। मैंने अपने साथियों की सलाहनुसार राजस्थान प्रशासनिक सेवा की परीक्षा दी। साक्षात्कार में मुझसे धम्म के बारे में पूछा गया। मुझसे सवाल किया गया कि 'पंचशील' से आप क्या समझते हैं? मैंने उनसे जानना चाहा कि राजनीतिक पंचशील या आध्यात्मिक पंचशील आपके प्रश्न का तात्पर्य है। उन्होंने कहा दोनों। मैंने राजनीतिक पंचशील के बारे में बताया। उसके बाद उन्होंने और विस्तृत रूप से साक्षात्कार किया। उन्होंने आध्यात्म को पाली भाषा में बताने के लिए कहा। मैं पाली काफी अच्छी तरह से जानता था। इसके लिए मैं विपासना का कृतज्ञ हूं।

शिक्षक के निजी अनुभव दिए गए व्याख्यान ने पचपन पुलिस अधिकारियों की आंखें खोल दीं। इसने मेरे लिए आवश्यक जिम्मेदारी बना दिया कि मैं इसे देशवासियों को बताऊं।

हम लोगों के पास अब कोई परेशानी या चिंता नहीं थी और दुख हमारे ऊपर हावी नहीं हो सकता था। इनका समाधान हमारे पास था। हम लोग सिर्फ इसके प्रति जिज्ञासु थे। उन्हें सीखना और अभ्यास करना चाहते थे। धम्म हमारी मूल्यवान विरासत है। अब हमें विभिन्न पुरातत्व–स्मारकों को इसमें परिवर्तित करने की जरूरत है।

❑

10

लेकिन, वेकिन कुछ नहीं

शपथ-पत्र मैं सुपुत्र... श्री... शपथ लेता हूं और प्रतिज्ञा करता हूं कि मैं भारत और भारत के विधि द्वारा सत्यापित संविधान के प्रति पूरी श्रद्धा एवं निष्ठा रखूंगा तथा अपने पद के कर्तव्यों का पालन ईमानदारी, परिश्रम एवं निष्पक्षता के साथ करूंगा। मैं यह भी शपथ लेता हूं कि मैं जनता से सद्भावना एवं शिष्टाचार का व्यवहार करूंगा। ईश्वर मेरी सहायता करेंगे। यह वह शपथ है जिसे मैंने उत्तर प्रदेश के सीतापुर क्षेत्र में स्थित प्रशिक्षण केन्द्र में पासिंग आउट परेड के दौरान लगभग पांच सौ से अधिक सब इंस्पैक्टर रैंक के प्रशिक्षुओं को दिलाया। मुझे बताया गया कि सब इंस्पैक्टर पद पर सीधी भर्ती का यह सबसे बड़ा समूह था। शायद ही कभी यहां इस पद के लिए इतनी बड़ी संख्या में प्रशिक्षुओं ने शपथ ली हो। मैं ऐसा इसलिए कह रही हूं क्योंकि बारह सालों से यहां इस पद पर कोई भर्ती नहीं हुई थी और इस कारण पूरी व्यवस्था में एक खाली स्थान सा बन गया था।

उत्तर प्रदेश पुलिस ट्रेनिंग कॉलेज सीतापुर में यह व्यक्तिगत रूप से मेरा एक खास दौरा था, जहां भिन्न-भिन्न राज्य के मेरे सहकर्मियों द्वारा मुझे इस ऐतिहासिक समारोह में भाग लेने के लिए आमंत्रित किया गया था, ताकि उनके साथ मैं भी उस सम्मान की भागीदार बन सकूं। यह इस सेवा में पूरी तरह असामान्य बात थी। पासिंग आउट परेड के वक्त मैं वहां मौजूद थी। एक वर्ष के कठिन प्रशिक्षण के बाद अब ये प्रशिक्षु पुलिस की विभिन्न इकाइयों में नियुक्ति व अपने उत्तरदायित्वों को संभालने के लिए पूरी तरह तैयार थे। एक प्रत्ययक्षदर्शी के रूप में मैं कह सकती हूं कि वे सभी युवा प्रशिक्षु पासिंग आउट परेड के

वक्त काफी उत्साहित, सशंक और आशान्वित नजर आ रहे थे।

> वास्तविक जीवन में प्रतीज्ञा पर सुदृढ़ रहने के लिए चाहे कितने भी प्रलोभन तुम्हारे मार्ग में आए, इनसे डगमगाओ नहीं।

इससे पूर्व मेरे पास कुछ ऐसे अवसर भी थे, जिनके आधार पर मैं पता लगा सकती थी कि राज्य में कैसी परिस्थितियां रह चुकी हैं। और मैंने उनका पता भी लगाया जो कुछ मुझे पता चला वह इस प्रकार है।

यहां अधिकारियों का स्थानांतरण काफी सामान्य बात है। अक्सर ये स्थानांतरण होते रहते हैं। बहुत से अधिकारियों का महीनों, दिनों व यहां तक कि घंटों में ही तबादला कर दिया जाता है और ऐसा कई–कई बार हो चुका था। यही कारण है कि कोई भी अधिकारी किसी भी कार्यकाल में स्थायित्व की आशा नहीं रखता। साथ ही कोई भी अपर अधिकारी अपने उच्च अधिकारियों को लेकर निश्चिंत नहीं था। बहुत से तबादले समाचारों का हिस्सा भी नहीं बन पाए, जिसके कारण कोई अधिकारी नहीं जानता था कि उसके सहकर्मी इस वक्त किस क्षेत्र में कार्यरत हैं। ऐसा ही कुछ निलंबन के मामलों में भी था। बहुत से निलंबित अधिकारी निलंबन... बहाली... पुनःनियुक्ति..., पुनःस्थानांतरण के कारण बदनाम भी हो चुके थे। जैसा कि ज्ञात हुआ, स्थानांतरण का आधार कोई पूर्व या सही जांच–पड़ताल नहीं, बल्कि शाब्दिक अवयव व लोक अवमानना पर तत्काल स्थानांतरण किए जाते हैं।

साथ ही मैंने यह भी महसूस किया कि वर्तमान समय में उत्तर प्रदेश पुलिस के बहुत से अधिकारियों के परिवार एकल अभिभावक पद्धति पर आधारित है। यानी स्त्रियां (पत्नियां) ही जैसे–तैसे घर चला रही हैं, क्योंकि इस नौकरी में अस्थायित्व की भावना अधिक है इसलिए पुलिस अधिकारी अपने बच्चों की शिक्षा व अन्य पारिवारिक मसलों के कारण अपने परिवार को एक स्थान पर बसा देते हैं और स्वयं रोलर कोस्टर की तरह कभी घर तो कभी कार्यस्थल के चक्कर लगाते रहते हैं, ताकि नौकरी भी चलती रहे और परिवार भी। जब कभी ये अधिकारी अपने घर जाते हैं तो इनके बच्चों के लिए यह दीवाली जैसा उत्सव होता है। पुलिस अधिकारी निम्न अवधि कार्यकाल के इतने अभ्यस्त हो चुके हैं कि एक साल का कार्यकाल उन्हें अधिक लंबा लगने लगा

है और एक स्थान पर इतना समय बिताना उनके लिए बड़ी उपलब्धि के समान है। सिर्फ व्यावसायिक क्षमता या अनुरूपता के अतिरिक्त अनेक बाहरी तत्त्व भी इन तबादलों के पीछे निर्णायक भूमिका निभाते हैं। यह रैंक व फाइल को काटने वाली एक बड़ी कसौटी है। समाज के कुछ वर्गों को इस तरह अनदेखा किया गया है मानो वे अस्वीकार्य हों जबकि दुष्टतापूर्ण व दुर्भावनापूर्ण संबंध इन विभिन्न परिस्थितियों में महत्त्वपूर्ण भूमिका निभाते हैं। ट्रक दुर्घटनाएं या जल्दबाजी या असावधानीपूर्ण ड्राइविंग मानव हत्याओं का बड़ा कारण बन रहा है। बहुत सी पंचायतों के प्रमुख बड़े लुटेरे हैं और माफिया समूहों के प्रतिनिधि हैं या रोबिन हुड जो अधिक से अधिक वोट पाने के लिए कुछ भी करवा सकते हैं या फिर ट्रक तो हैं ही, यदि कोई इनके उद्देश्यों को विफल करने का प्रयास करता है तो वह व्यक्ति कहीं किसी रोड पर ट्रक से कुचल दिया जाता है।

मुझे ऐसा भी प्रतीत हुआ कि यहां सर्विस की रैंक और फाइल कई अलग–अलग श्रेणियों में बंटी हुई हैं जैसे पहला–सरेखी जो मिलकर चलते हैं, दूसरा–अस्वीकार्य, तीसरा–कुछ सरेखी हैं, लेकिन इन्हें अनुभवी न होने के कारण छोड़ दिया गया है और चौथे वे और विशुद्ध रूप से असरेखी यानी मिलकर न चलने वाले हैं। उदाहरण के तौर पर यहां मैं अंतिम श्रेणी के बारे में बात करती हूं। यहां जो पूरी तरह मिलकर न चलने वाले हैं वे मेरे मुताबिक सबसे पिछड़े हुए हैं। तीसरी श्रेणी के बारे में कहें तो ये जुड़ने का प्रयास करते हैं, लेकिन अब इन्हें छोड़ दिया गया है और इनकी संख्या भी अब बढ़ रही है। बहुत से अधिकारी आत्मसम्मान और आत्मगौरव के कारण अपनी इच्छा से एक किनारे हो जाते हैं।

चूंकि यह सूचना उस वक्त मेरे दिमाग में थी जब मैं उन प्रशिक्षुओं को प्रतिज्ञा दिला रही थी, इसलिए मैं आश्चर्यचकित भी थी कि इन परिस्थितियों में इस प्रतिज्ञा का अर्थ क्या रहेगा? क्या यह विश्वास भंग का मामला नहीं होगा, जब ये अधिकारी अपने कार्यकलापों से इस प्रतिज्ञा की उपेक्षा करेंगे?

अपने सामर्थ्य के मुताबिक मैंने उन युवा प्रवेशकों को जिम्मेवारी की भावना का अहसास कराने का प्रयास किया। मैंने उन्हें कहा कि इस प्रतिज्ञा का उल्लंघन एक अपराध होगा, ऐसा अपराध जिसे आप न केवल अपने अंतर्मन में अनुभूत करेंगे बल्कि यह भविष्य में गंभीर सामाजिक व वैधिक परिणामों को भी

जन्म देगा। मैंने उन्हें इस बात के लिए भी प्रेरित किया कि वे इस प्रतिज्ञा को सुदृढ़ करने के लिए हर सुबह अपने आपसे यह प्रश्न करें कि वे अपनी प्रतिज्ञा पर कितने अडिग रहे और उससे कितने भटके हैं? मैं भी ऐसा ही करती हूं। भले ही कितने भी प्रलोभन हों या बाधाएं... अपनी प्रतिज्ञां में। लेकिन, यदि, परन्तु के लिए कोई स्थान नहीं था।

❑

11

समुचित प्रबंधन

दो अलग–अलग मौकों पर मुझे अपने पुलिस सहकर्मियों से सीधे रूबरू होने का मौका मिला। पहला मौका उत्तर प्रदेश में पुलिस अफसरों की पासिंग आउट परेड का था और दूसरा मध्य प्रदेश में आयोजित एक खेल समारोह का अवसर था। इन दोनों ही मुलाकातों ने बिना किसी शक के राष्ट्रीय पुलिस आयोग (एनपीसी) की अत्यंत महत्त्वपूर्ण सिफारिश की शीघ्र कारवाई की आवश्यकता को प्रकट किया, ताकि पुलिस को अनुचित राजनीतिक हस्तक्षेप से दूर रखा जा सके। (राष्ट्रीय पुलिस आयोग का निर्माण लगभग 23 वर्ष पूर्व किया गया था और तभी से लगातार इसके क्रियान्वयन की मांग की जा रही है)। इससे पहले कि मैं इस सिफारिश की विशिष्टताओं का विस्तार से जिक्र करूं, यहां मैं उन तथ्यों को आपके साथ सांझा कर रही हूं जो कुछ वहां मैंने देखे और महसूस किए।

दृश्य 1 : उत्तर प्रदेश

वर्तमान समय में उत्तर प्रदेश पुलिस के अनेक अधिकारी रोलर कोस्टर (तबादला प्रक्रिया) पर चल रहे हैं। इनमें से कोई नहीं जानता कि अभी कितने दिन अथवा महीने ये अधिकारी अपनी वर्तमान नियुक्ति पर कार्यरत रहेंगे। यहां, अनेक उदाहरण मौजूद हैं, जब इन अधिकारियों को एक ही दिन में एक से अधिक बार स्थानांतरित और नियुक्त किया गया। महीनों और वर्षों की बात तो फिर बहुत दूर की है। जो कुछ मैंने पाया, बहुत से अधिकारियों ने परिस्थितियों के साथ समझौता करते हुए अपने परिवार की जिम्मेदारी अपनी पत्नियों को सौंप दी है। सच्चाई यह है कि आज पुलिस परिवार एकल अभिभावक परिवार में तबदील हो चुके हैं और इसका एकमात्र कारण नियुक्तियों में बढ़ती असुरक्षा की भावना है।

दृश्य 2 : मध्य प्रदेश

> ! समुचित प्रबंधन का अर्थ है जिम्मेवारियों का सीधा मुकाबला करना। !

यहां राज्य का प्रत्येक केन्द्रीय मंत्री जिला प्रशासन प्रमुख यानी प्रभारी का दायित्व भी निभा रहा है। वह क्षेत्रीय विषयों के लिए बनाई गई जिला कमेटी का चेयरमैन होता है और दूसरे अधिकारियों के साथ–साथ पुलिस अधिकारियों की नियुक्ति व स्थानांतरण का निर्णय भी उसी के हाथ में होता है। कमेटी का सचिव कलैक्टर (आईएएस अधिकारी) होता है। जिले का पुलिस सुपरिंटेंडेंट अपने विभाग और कामकाज संबंधी प्रस्ताव के सम्मुख रखता है तो चेयरमैन महोदय स्थानीय विधायक से सलाह–मशविरा करते हैं, जिसके पास नियुक्ति की अपनी एक अलग सूची होती है। यही कारण है कि कभी–कभार संरक्षण, भाई–भतीजावाद और अनुशासनहीनता आदि कठिनाइयों के बावजूद स्थानांतरण में अनियमित रूप से देरी की जाती है।

ये सभी परिस्थितियां जिला स्तर की हैं। अब राज्य स्तर पर बात करें तो राज्य का मुख्यमंत्री स्वयं राज्यस्तरीय कमेटी का चेयरमैन होता है और गृह सचिव कमेटी का सदस्य सचिव होता है,. इस कमेटी में डायरेक्टर जनरल ऑफ पुलिस कमेटी में मात्र एक सदस्य ही होता है। यह कमेटी राज्य स्तर पर सभी संवेदनशील व वरिष्ठ पदाधिकारियों के स्थानांतरण व नियुक्ति के मामले देखती है।

इन जगहों पर जो कुछ मैंने जाना और महसूस किया है यदि वह सच है तो यह किसी भी व्यावसायिक संस्था अथवा संगठन के लिए एक बड़ी त्रासदी है और साथ ही साथ उस राज्य के लिए भी जहां इस तरह की परिस्थितियां प्रभावी हैं। यह समस्त ढांचा व्यावसायिक प्रबंधन, आदेश, नियंत्रण और नेतृत्व के सिद्धांतों के खिलाफ है। पुलिस एक श्रेणीबद्ध संगठन है, जिसमें उपयुक्त उत्तरदायित्व, जवाबदेही, संवेदनशीलता, विवेक, अनुशासन और आदेश पर आधारित नियंत्रण ढांचे की आवश्यकता होती है। आदेश और नियंत्रण को कमजोर करने का अर्थ है–बहादुरशाह जफर सल्तनत पतन के अंतिम छोर पर... यह परिस्थितियां किसी भी रूप में उस राष्ट्र के हित में नहीं हैं जो आतंकवाद जैसी बुराई के विरुद्ध लड़ रहा है। हमारे संविधान में भी इसके विषय में कोई चर्चा नहीं की गई है।

अंग्रेजी हुकूमत के दौरान सन् 1861 में बने पुलिस अधिनियम को आधार बनाते हुए (दुर्भाग्य है कि यह अधिनियम आज भी हमारी संविधि–संग्रह में शामिल है) कार्यकारी आदेशों को गाइडलाइनों के तहत लाकर हमने स्वयं इस कार्यप्रणाली को व्यावहारिक जामा पहनाया है। यदि इस परम्परा अथवा कार्यप्रणाली को न्यायालय

में चुनौती दी जाती है तो मुझे पूरा यकीन है कि ये निर्देश आधारहीन और शून्य घोषित कर दिए जाएंगे और ये घोषित पुलिस अधिनियमों के विपरीत भी साबित होंगे।

दूसरे देशों में पुलिस अधिनियम सरकार और मंत्री के उत्तरदायित्व पर केंद्रित होने के साथ–साथ स्पष्ट शर्तों पर आधारित होते हैं कि किस तरह या कैसे एक जिम्मेदारी या उत्तरदायित्व वाले पद पर आसीन अधिकारियों में यह भाव लाना है जिससे पुलिस की कार्यक्षमता और प्रभाव में वृद्धि हो। पुलिस सिस्टम का अंग्रेजी मॉडल त्रिपक्षीय ढांचे को दर्शाता है जिसमें राज्य का सचिव राजनीतिक कार्यकारिणी का प्रतिनिधित्व करता है। क्षेत्रीय मुख्य सिपाही हमारे डायरेक्टर जनरल पुलिस के बराबर है जो पुलिस विभाग का प्रतिनिधित्व करता है और पुलिस अथोरिटी समस्त समुदाय का प्रतिनिधित्व करती है। इस अधिनियम के तहत राज्य सचिव विभिन्न इलाकों में पुलिस के कार्यों को निर्धारित करता है और यह कार्य वह पुलिस विभाग व पुलिस अथोरिटी के सहयोग से करता है। कानून की व्यवस्था के तहत निर्धारित उद्देश्यों को समाविष्ट करने वाले वैधानिक उपक्रम को संसद के सम्मुख रखना जरूरी होता है इसलिए चीफ कांस्टेबल की शक्तियों को कमजोर नहीं किया जाता, बल्कि उसे अपनी क्षमता के अनुसार बेहतर सेवा देने के लिए दक्ष किया जाता है।

बेहतरीन प्रबंधन के मूल सिद्धांत के मुताबिक जवाबदेही की शुरूआत उत्तरदायित्व के साथ होती है और अनुशासित बल (फोर्स) में ये बातें लीडर से ही शुरू होती हैं–अनुशासन जिसे वह निर्धारित करता है, उसके निर्धारण अथवा चुनाव के मूल निर्धारक अथवा निर्धारकों की क्षमता, किस तरह वह अपनी जिम्मेदारियों को व्यावहारिक रूप देता है, पदोन्मुक्ति का तरीका, और अंत में जवाबदेही की प्रणाली।

मैंने व्यक्तिगत रूप से एक पुलिस प्रमुख की नियुक्ति आदेश को पढ़ा है, जिसमें कहा गया है 'अगले आदेश तक आपको... पुलिस पद पर नियुक्त किया जाता है।' अगले आदेश का क्या अर्थ है? आखिरकार आदेश में निर्धारित कार्यकाल एक या दो वर्ष का जिक्र क्यों नहीं किया गया? केवल इसलिए क्योंकि 1861 के अधिनियम के अनुसार सुपरिंटेंडेंट की शक्ति और नियंत्रण राजनीतिक कार्यकारिणी के हाथ में है। क्या इसका अर्थ यह नहीं है कि अब इसकी आवश्यकता ही नहीं है। इस तरह के आदेशों से, जिस तरह की सूझबूझ बनती है वह इस तरह की ही है कि किसी भी प्रमुख अधिकारी का स्थानांतरण बिना कारण बताए किसी भी वक्त कर दिया जाए और उसे अपील का अधिकार ही नहीं हो। आज हम बुलंदियों से चिल्लाकर विश्व का सबसे मजबूत लोकतंत्र होने का दावा करते हैं, लेकिन शायद व्यवहार में हम सबसे बड़े तानाशाह हैं।

फिर हम किस बात की चाह रखते हैं? क्या एक स्थायी, व्यावसायिक दृष्टिकोण, भेदभाव से दूर और जवाबदेह पुलिस प्रमुख की, यह संभव है, लेकिन तभी जब राष्ट्रीय पुलिस आयोग की उच्च स्तरीय सिफारिश को तत्काल प्रभाव से स्वीकार किया जाए। राज्य सुरक्षा आयोग की वैधानिक स्थापना के माध्यम से पुलिस नेतृत्व की नियुक्ति तटस्थ और अधिक जवाबदेही होगी। पुलिस व्यवस्था में सुधारों की शुरुआत की दिशा में यह उच्चस्तरीय सिफारिश महत्त्वपूर्ण भूमिका निभाएगी यदि पुलिस से की जाने वाली आकांक्षाओं और उसके प्रदर्शन के बीच की खाई को देखें तो इसकी आवश्यकता अधिक ऊंची नहीं हो सकती।

❑

12

आओ रुकावट हटाएं

एक करार के तहत मुझे देश के सबसे खूबसूरत शहर गोवा जाने का मौका मिला। गोवा का मेरा यह दौरा काफी ताजगी भरा था और साथ ही वहां जाकर मैंने अतीत की अपनी कुछ बिसरी यादों को भी ताजा किया। एयरपोर्ट पर मेरे अभिवादन के लिए कुछ पुराने टैक्सी ड्राइवर मौजूद थे। ये टैक्सी ड्राइवर उस वक्त से थे जब मैं गोवा में ट्रैफिक इंचार्ज होती थी। ये और हम (गोवा ट्रैफिक पुलिस) सब साथ मिलकर गोवा में एयर पोर्ट पर टैक्सियों के क्यू सिस्टम को बनाने के लिए काम करते थे। उस वक्त हमने गोवा की यातायात व्यवस्था को अपने सामूहिक प्रयासों द्वारा दुरुस्त करने का प्रयास किया और यह पूरी तरह निःशुल्क था। गोवा में हालत यह थी कि टैक्सी ड्राइवर पहले यात्रियों को प्रलोभन देकर बड़ी उत्सुकता के साथ अपनी टैक्सी में बैठा लेते थे और बाद में गंतव्य स्थान पर पहुंचकर जबरन अधिक पैसा वसूल करते थे। वहां पर टैक्सियों के लिए निश्चित किराया निर्धारित नहीं किया गया था, जिसके तहत ड्राइवरों की सीमाएं तय की जा सकें। जब मैं एयरपोर्ट पर पहुंची तो मैंने पाया कि उस वक्त लागू किया गया क्यू सिस्टम अभी भी उसी तरह जारी था और यात्री क्रमवार रूप से टैक्सियों में बैठ रहे थे। मैंने देखा कि यात्रियों में टैक्सियों के लिए कोई गड़बड़ी, किसी तरह की धक्का–मुक्की नहीं हो रही थी। यह सब देखकर काफी अच्छा लगा और यह निश्चित ही एक अच्छा प्रयास था, जो न केवल जारी रखे जाने वाला था बल्कि सभी की भलाई के लिए भी था। यह आश्चर्य की बात नहीं कि वे सभी पुराने टैक्सी ड्राइवर इस अच्छी आदत के जारी रहने के लिए अप्रत्यक्ष रूप से बधाई के पात्र थे।

एयरपोर्ट से मैं सीधे गोवा की राजधानी पंजिम शहर के लिए रवाना हुई। रास्ता लंबा था और हर मोड़, उतराई–चढ़ाई और क्रासिंग एक–एक करके मुझे याद आते जा रहे

थे। यह रास्ता उन रास्तों में से एक था जिस पर हम कामनवैल्थ हैड ऑफ गवर्नमेंट मीट यानी सीएचओजीएम के लिए कामनवैल्थ देशों के सरकारी प्रमुखों को गंतव्य स्थान तक पहुंचाने के लिए काम कर चुके थे। विभिन्न देशों से लगभग 70 सरकारी प्रमुख, दो दिन के लिए इस रिट्रीट में हिस्सा लेने के लिए गोवा पहुंचे थे। सभी हस्तियां इसी रास्ते से होकर गंतव्य स्थान तक पहुंची थीं और मुझे याद है कि गोवा में पहली बार एयरपोर्ट से लेकर डे रिसोर्ट तक एक वैल कार्पेट रोड तैयार किया गया था। यह रोड बीस वर्षों बाद अभी भी उतना ही साफ–सुथरा और सुव्यवस्थित था।

> !
> जिस सेवा से
> मैं जुड़ी, उसने
> मुझे योग्य बनाया।
> !

लेकिन जैसे ही मैं ज्यूरी नदी के पास पहुंची मानो मेरी अत्यंत यादगार स्मृतियां पुनः जीवित हो उठीं। मुझे याद है कि जब मैं अपनी ड्यूटी पर पहली बार गोवा आई थी तो मुझे, मेरे स्टाफ को और मेरी कार को काफी समय तक इस नदी के तट पर फेरी का इंतजार करना पड़ा था ताकि नदी के उस पार जाया जा सके। यह मेरे लिए एक खास अनुभव था। उस वक्त फेरी ही एकमात्र ऐसा जरिया था, जो पंजिम, मापूसा और दूसरी जगहों को एयरपोर्ट से जोड़ने का सूत्र था, लेकिन सीएचओजीएम के लिए ज्यूरी सेतु को काफी व्यवस्थित किया गया और उस पर पूरा ध्यान दिया गया... और मामला क्योंकि अंतर्राष्ट्रीय हस्तियों का था, सो इस सेतु को समय पर पूरा कर लिया गया। यह गोवा व गोवावासियों के लिए एक स्थायी उपहार था। इस सेतु के निर्माण से हम पुलिस वालों को भी काफी फायदा हुआ। अब ज्यूरी नदी के किनारे घंटों जाम की समस्या भी लगभग समाप्त हो गई। यह वैसा ही था जैसा हमने सोचा था, लेकिन उतना आसान भी नहीं था जिसकी हमने कल्पना की थी कि निर्माण के अगले दिन से ही यह सेतु जनता के प्रयोग के लिए खुल जाएगा... वास्तव में इस सेतु का उद्घाटन तत्कालीन प्रधानमंत्री श्रीमति इंदिरा गांधी को करना था और हर बार उनका गोवा आगमन किसी न किसी कारण से टल जाता था। इसी तरह सप्ताह, महीने बीतने लगे। हर बार इसके उद्घाटन के लिए नई तिथि निर्धारित कर दी जाती और हर बार प्रधानमंत्री का कार्यक्रम टल जाता।

लोग निराश हो चुके थे, लेकिन उन्होंने फिर भी अपनी सहनशक्ति और धैर्य नहीं खोया। वे फेरी के जरिए ज्यूरी नदी को पार करने के लिए घंटो ज्यूरी सेतु की छाया में इंतजार करते।

एक रोज जब मैं अपने राउंड पर थी, मैंने ज्यूरी·सेतु के बिल्कुल पास से उसका जायजा लिया और वहां का नजारा भी देखा। एक ओर लोगों की लंबी कतारें जो अपने कार, स्कूटर, बस आदि के साथ नदी पार करने के लिए फेरी का इंतजार कर रहे हैं और दूसरी ओर लंबा, खाली और वीरान पुल।

अब इस पुल को बने महीनों बीत. गए, लेकिन इसको शुरू नहीं किया गया। इसी क्षण मैंने अपने ड्राइवर व वायरलैस ऑपरेटर को कहा कि वे जीप को एक तरफ लगा दें और उस रोड पर लगाए गए अवरोधों को दूर करने का प्रयास करें। हमारे में से तीन लोगों ने उन वैकल्पिक रुकावटों को वहां से हटा दिया और इंतजार में खड़े वाहनों की लंबी कतारों को वहां से गुजरने के लिए संकेत किया। अचानक सभी में उत्साह और रोमांच की लहर सी दौड़ गई। इस तरह ज्यूरी सेतु के दूसरी तरफ मौजूद रुकावटों को हटाकर हमने सभी वाहनों व लोगों को पुल के उस पार पहुंचाया और कुछ मिनटों में सारा ट्रैफिक पूरी तरह साफ हो गया। अब मैं ज्यूरी सेतु के दूसरे छोर पर खड़ी थी, बिल्कुल उसके दूसरे छोर पर। तभी कुछ ड्राइवर मुझसे यह पूछने के लिए रुके कि क्या अंततः श्रीमति इंदिरा गांधी ने इस पुल का उद्घाटन कर दिया? मैंने कहा—हां, क्योंकि उन्होंने कुछ भारतीयों को यह अधिकार दिया है।

मुझे अपनी सेवा को लेकर बेहद संतुष्टि और गौरव भी महसूस हुआ कि जिस प्रशासन का मैं एक हिस्सा हूं उसने मुझे इस योग्य बनाया है कि मैं जो चाहूं वह कर पाऊं।

अब ज्यूरी सेतु सार्वजनिक हो चुका था। मीडिया चुप था, क्योंकि वह नहीं जानता था कि यह कहां हुआ और किसने किया है? राजनीतिज्ञों को भी यह देखकर आश्चर्य हुआ। वे नहीं जानते थे कि इन परिस्थितियों में उन्हें क्या निर्णय लेना था? सेतु को पुनः बंद किया जाए या इसे ऐसा ही रहने दें? किसी ने मुझसे कोई प्रश्न नहीं किया... शायद वे मेरी प्रतिक्रिया से वाकिफ थे। इस तरह ज्यूरी सेतु ने भी अपनी पहचान नहीं खोई... काफी समय तक, शायद आज भी।

❑

13

मेरा सम्मान

कुछ माह पहले मुझे लाल बहादुर शास्त्री अकादमी आफ एडमिनिस्ट्रेशन, मसूरी में आमंत्रित किया गया था। वहां मुझे अखिल भारतीय सेवाओं के लिए चुने गए लगभग 200 अधिकारी प्रशिक्षुओं को संबोधित करना था। वास्तव में यह आईएफएस, आईएएस, आईपीएस, आईआरएस, आईएफओ, आईपीओ व अखिल भारतीय स्तर की ऐसी ही अन्य सेवाओं के लिए चुने गए प्रशिक्षु अधिकारियों के साथ वैचारिक आदान–प्रदान का एक अच्छा अवसर था। मैंने अपने मस्तिष्क में उन हजारों तरह–तरह के प्रश्नों को एक रात पहले ही तैयार कर लिया था जिनके उत्तर उन अधिकारी प्रशिक्षुओं द्वारा दिए जाने थे। मैंने अनुभव किया कि इन प्रशिक्षु अधिकारियों के लिए अपने आप को सुनना और उस तरीके को महसूस करना, जैसा मैं कर चुकी थी, निःसंदेह एक आश्चर्यजनक व अत्यंत रुचिकर बात होगी। मेरी बातचीत का विषय था 'सरकार और नागरिक आमने–सामने'। मेरे प्रश्न जवाबों के रूप में थे, जिन्हें मैंने उन अधिकारी प्रशिक्षुओं के सम्मुख रखा :

प्रश्न : आप इस सेवा में क्यों आए हैं? (कृपया अपने आपको इसका उत्तर दें)

क्या आप पद–प्रतिष्ठा और सत्ता के लिए इस सेवा में आए हैं? यदि हां, तो आपकी नीतियों में आम जनता के लिए काफी कम स्थान होगा, परन्तु यदि आप लोक सेवा के उद्देश्य से इस सेवा में आए हैं तो आपका काम लोककेन्द्रित होगा। इसलिए आप पहला प्रश्न अपने आप से अवश्य पूछें कि आप इस सेवा में क्यों आए हैं?

प्रश्न : इस सेवा का महत्त्व और इसके उद्देश्य क्या हैं?

यदि आपका मन यह कहता है कि इस सेवा का महत्त्व और उद्देश्य लोकसेवा है तो कोई आपसे यह नहीं पूछेगा कि आप क्यों लोक सेवा करना चाहते हैं, क्योंकि आप स्वयं अपनी सेवा के उद्देश्यों को पूरा करने के लिए अपने आपसे कहेंगे।

प्रश्न : यह सेवा किसके लिए है?

यदि आपका ज़वाब मेरे, परिवार और मेरे दोस्त, रिश्तेदारों के लिए है, तो आप अपने आप से कहें कि यह सेवा आपके लिए नहीं है और आप सही स्थान पर नहीं हैं। यदि आपका मन कहता है कि यह सेवा आम लोगों के लिए है तो आपके लिए यह एक बड़ी खुशी की बात है कि आप उस स्थान पर हैं जहां आपको होना चाहिए। पुनः आपसे यह प्रश्न कोई नहीं करेगा कि आपको आम लोगों के लिए काम करने की क्या आवश्यकता है और इस तरह आप स्वयं अपने मार्गदर्शक होंगे।

प्रश्न : मेरी सेवा के लिए भुगतान कौन करेगा?

यदि आपका जवाब है आम जनता, तो आप किस तरह उन लोगों के साथ विश्वासघात कर सकते हैं जो आपके लिए भुगतान करते हैं? किस तरह आप एक सेवक होकर स्वामी के लिए नियमों को बदल सकते हैं और एक अच्छा सेवक वही है जो पूरी निष्ठा और ईमानारी के साथ अपना कर्तव्य निभाए।

प्रश्न : कौन आपके काम से सबसे अधिक प्रभावित होंगे?

यदि आपका जवाब है आम जनता.... तो आप महसूस करेंगे कि आपकी प्रत्येक कार्यवाही प्रत्यक्ष और अप्रत्यक्ष तौर पर उन लोगों को प्रभावित करेगी जिनकी सेवा के लिए आप इस सेवा में आए हैं।

प्रश्न : आपकी आवश्यकता सबसे अधिक किसको है?

यदि आपका जवाब है गरीब, कमजोर, सताए हुए, पिछड़े, जरूरतमंद लोग, बुजुर्ग, बच्चे और शोषित व असुरक्षित जनता तो आपका जवाब पूरी तरह सही है। यदि आपका उत्तर यह नहीं है तो आप अपने पथ से भटक गए हैं। आप उन समूहों के द्वारा प्रयोग किए जा रहे हैं जिनकी इच्छा ही आपको पथभ्रष्ट होते देखने की है।

प्रश्न : किस तरह आप उन सेवाओं को निभाते हैं जो लोगों के लिए बनी है?

इसका अर्थ है कि आप उस माध्यम पर केन्द्रित होंगे जिसे आप वृहत स्तर पर लोगों की सेवा के लिए अपना चुके हैं। क्या आप दृश्यमान अथवा अदृश्यमान होकर रहेंगे? अपनी पहचान को जाहिर करेंगे या अज्ञात रहेंगे? क्या आप केवल तभी दिखाई देंगे जब कोई वीआईपी दौरा करेगा या हर वक्त उसी भावना से लोगों को अपनी सेवाएं प्रदान करेंगे?

प्रश्न : जब आप दृश्यमान होते हैं तो आप कैसे कार्य करते है?

क्या आप आम लोगों के साथ मिलकर व पूरे सहयोग के साथ कार्य करते हैं या आप अपनी कार्यप्रणाली में अलगाव रखते हैं। क्या आप अपनी कार्यप्रणाली व संबंधों में पूरी ईमानदारी बरतते हैं? जो कुछ आप कहते हैं उसके एक–एक शब्द को हमेशा याद रखें।

> ये सभी प्रश्न हमारी व्यावसायिक यात्रा के रोड मैप की तरह हैं। जब भी हम इन्हें भुलाएंगे, हम पथभ्रष्ट हो कर गलत दिशा में ही भटकेंगे।

आप किस तरह अपने संबंध बनाते हैं?

क्या आप आम जनता की भावनाओं को समझते हैं और अपने संकेत अथवा अपनी बात उन तक ठीक तरह से पहुंचा पाते हैं?

प्रश्न : क्या आप अपने आपसे पूछते हैं कि किस तरह आपका काम और बेहतर हो सकता है और किस तरह आप उन लोगों को बेहतर सेवाएं दे सकते हैं जिनके लिए आप इस सेवा में हैं?

यदि हां, तो आप लोगों के साथ संपर्क में रहने के लिए बाधित हैं, क्योंकि ये लोग ही हैं जिनसे आप सीखते हैं। यही लोग आपको संवेदनशील बनाते हैं और वास्तव में आपको हर समस्या का समाधान भी बताते हैं। इसके लिए आपको उन्हें समय देना होगा और उन्हें सुनने के लिए धैर्य भी रखना होगा।

प्रश्न : आप किस तरह की प्रतिक्रियात्मक प्रणाली को अपनाते हैं?

क्या आप लोगों को अपने तक पहुंचने का समान अवसर प्रदान करते हैं? यदि हां तो आपका तंत्र काफी मजबूत होगा और आप काफी कुछ प्राप्त करेंगे। और यदि नहीं तो आपका प्रशासन पंगु और कमजोर होगा।

प्रश्न : क्या आप किसी प्रतिक्रियात्मक प्रणाली के प्रति आश्वस्त हैं?

यदि केवल तभी संभव है जब आप भेदभाव नहीं करते और ईमानदार होते हैं अन्यथा प्रतिक्रिया केवल एक रीति बन जाएगी जिसे आप अनदेखा करेंगे।

प्रश्न : आपका लक्ष्य कौन है?

यदि आपका उत्तर है आम जनता, तो आप वही कर रहे हैं जिसके लिए आप इस सेवा में आए हैं। यदि यह लक्ष्य बदल गया है तो आप पुनः अपने लक्ष्य से भटक चुके हैं।

प्रश्न : आपकी आवश्यकताएं क्या हैं?

यदि आप अपनी आवश्यकता से अधिक के बारे में कहते हैं तो आम लोग आपकी

प्राथमिकता नहीं हो सकते। आप पुनः पथभ्रष्ट हो चुके हैं और आपको दोबारा अपने सही रास्ते पर आना होगा।

प्रश्न : क्या आप अपने आप से प्रश्न करने में विश्वास रखते हैं?

यदि हां तो आप हमेशा लोगों के प्रति संवेदशील होंगे। यदि नहीं तो आप बदल चुके हैं।

प्रश्न : क्या आप दूसरों को शक्ति देने और आपसी आदान–प्रदान में विश्वास रखते हैं?

यदि हां तो आप अपने कार्य के उद्देश्यों को भली–भांति समझते हैं। यदि नहीं तो आप इस कार्य में असफल हैं।

प्रश्न : आप अपनी सेवा के बारे में क्या सोचते हैं?

पद–प्रतिष्ठा या फिर एक विश्वास? यदि आपका जवाब केवल पद–प्रतिष्ठा है तो आप उन लोगों को धोखा दे चुके हैं जो आपको भुगतान करते हैं और आप पर विश्वास करते हैं। यदि आपका जवाब है कि आपका पद एक विश्वास स्वरूप है तो आप उस लक्ष्य को प्राप्त कर चुके हैं जिसके लिए आप लोकसेवा में हैं। वास्तव में ये सभी प्रश्न हमारी व्यावसायिक यात्रा के रोड मैप की तरह हैं। जब भी हम इन्हें भुलाएंगे हम पथभ्रष्ट होकर गलत दिशा में ही भटकेंगे। जब मैं उन प्रशिक्षुओं को यह सब बता रही थी, मैंने उन्हें कहा कि वे इन सभी प्रश्नों को लिख लें। उनके प्रति यह मेरी उपस्थिति थी, परन्तु जब भी वे इन्हें लिखेंगे और ध्यानपूर्वक सुनेंगे मैं समझूंगी कि वे मुझे समान रूप से आदर दे रहे हैं।

❑

14

अब गेंद सत्ता के पाले में है!

मुझे साईं फाउंडेशन दिल्ली द्वारा नीति (पॉलिसी) के मूल्यों, विषयों पर बोलने के लिए आमंत्रित किया गया था। मैं आप सबके साथ अपने उन्हीं विचारों को सांझा करने जा रही हूं। स्वाभाविक रूप से मेरे मस्तिष्क में पहला प्रश्न यही था कि जब योजना (नीति) बनाई ही दूसरों के लिए जाती है तो इस सेवा से क्या स्वाभाविक आशाएं लगाई जानी चाहिए? और जो लोग इस योजना के तहत होंगे उन्हें क्या करना होगा? जो उत्तर मस्तिष्क में उपजे वे थे, वह हर व्यक्ति जिसे सहायता, सुख–चैन की आवश्यकता है, मानसिक रूप से परेशान है, सताया हुआ है, असुरक्षित व भयभीत है, क्षतिपूर्ति की आवश्यकता है। घायल है या जिसके लिए यह जीवन का एक प्रश्न है। दूसरा प्रश्न जो मेरे दिमाग में था वह यह कि जब वह इंसान इस योजना को अपनाता है, उसका अनुसरण करता है तो किस तरह के कंप्लीमैंट की संभावना की जाए? उत्तर फिर सामने था, सुख–चैन, सुरक्षा, न्याय, सहारा, अच्छी देखभाल, किसकी बात सुनी जाए, आत्मसम्मान और अपराधी के लिए सजा इत्यादि।

मैंने फिर अपने आप से पूछा कि इस कंप्लीमैंट की प्रतिक्रिया क्या होगी? विलंबित प्रभाव, भेदभाव, बेईमानी, गैर व्यावसायिक सोच, असमानता, असुरक्षा, कद्र न करना और अत्यधिक काम का बोझ और निःसंदेह यह सब अच्छी संभावनाओं के साथ होगा।

इसके आगे फिर मैंने अपने आप से पूछा कि इसकी प्रतिक्रिया संभावनाओं के विपरीत क्यों है? क्या इसका कारण संसाधन हो सकते हैं? परिवेश हो सकता है? प्रबंधन का अभ्यास या फिर सुपरविजन हो सकता है? व्यक्ति स्वयं या फिर क्षमता इसके लिए दोषी है?

अतः हमें कहां से शुरू करना चाहिए। फिलहाल, मैंने निर्णय लिया है कि मैं व्यक्ति और योजना के प्रस्ताव पर आपका ध्यान दिलाना चाहूंगी। लेकिन क्योंकि मैंने ऐसा करने का विचार बनाया है कि पहले मैं पता लगाऊं कि वास्तव में वह व्यक्ति कौन है? और वह किन परिस्थितियों में है? (एक पुलिस कर्मी)। मेरे अनुभव मुझे बताते हैं कि यदि यह एक साधारण पुलिस कर्मी है (संभावनाओं के साथ) तो यह असंवेदनशील, स्थिर सोच वाला, सुस्त, दबाव में और मूल्यहीन होगा। इस तरह हम इस व्यक्ति के साथ क्या कर सकते हैं? इस आवश्यकता पर ध्यान दिया जाए? बाह्य व आंतरिक तौर पर।

मैंने तुरंत और वृहत स्तर तक पहुंच बनाने के लिए एक योजना का सुझाव दिय्रा। मेरे लिए इसे अपनाने में कोई कठिनाई नहीं थी, क्योंकि हम इसे एक बार व्यवहार में अपना चुके थे और शोध व विश्लेषण दर्शा चुके थे कि यह योजना कारगर है।

वास्तव में अपने प्रयासों की शुरुआत आपसी सेवा के उद्देश्यों व मूल्यों के बारे में बताते हुए करते हैं और संवेदनशीलता और चरित्र निर्माण पर पूरे कर्मठता के साथ व्यावहारिक तौर पर कार्य भी करते हैं, तथापि हमारे में बहुत से पुलिस अधिकारी, जो प्रशिक्षण के लिए आते हैं, सेवा के पूर्व सदस्य होते हैं।

हम अपने प्रशिक्षण के उद्देश्यों को पुनः करते हैं और पुलिस प्रशिक्षण के चार महत्त्वपूर्ण आधार स्तंभों को स्थापित करते हैं। ये चार आधार स्तंभ हैं–शारीरिक सहनशीलता और तुरंत प्रतिक्रया, उपयोगी विवेक के साथ व्यावसायिक ज्ञान, पूरी तरह तैयारी व साझेदारी पर आधारित प्रशिक्षण, मस्तिष्क की संवेदनशीलता व चरित्र निर्माण। इसके साथ ही हम आवश्यक संवेदशीलता का संचार करने वाले मानवीय मूल्यों पर आधारित कुछ प्रशिक्षण भी देते हैं। मानवीय मूल्यों को देने वाला वह प्रशिक्षिण विपासना ध्यान, प्रशिक्षकों, जीवन कला सिखाने वाले प्रशिक्षकों द्वारा दिया जाता है। निरंतर जारी इस प्रशिक्षण की गुणवत्ता, शिक्षा मूल्यों के क्रियान्वयन के लिए फैमिली विजन ग्रुप के मोहम्मद ए.यू. शेख यहां नियमित दौरा करते हैं। वहां लैंगिक संवेदनशीलता के पाठ्यक्रमों के लिए जैंडर ट्रेनिंग इंस्टीट्यूट दृष्टिकोण में संगति व साहसिकता के लिए आईएनएस के स्पारता समूह का दौरा होता है। इसके अतिरिक्त रामकृष्ण मिशन के के.के. चोपड़ा, ओशो व वेदांत लाइफ इंस्टीट्यूट, ब्रह्मकुमारी आदि के प्रतिनिधि भी दौरा करते हैं।

जाने–माने विद्वान जिनमें अमूल्य खुराना, प्रो. पी.एल. धर (आईआईटी), राकेश कुमार अग्रवाल (रूड़की विश्वविद्यालय) आदि विभिन्न विषयों पर शोध करते हैं। ये

> ! नेतृत्व की जिम्मेदारी है किसी समस्या का संपूर्ण समाधान। !

विद्वान उन पुलिस अधिकारियों में इन शोधों के परिणाम भी दिखाते हैं, जो इन कार्यक्रमों में हिस्सा लेते हैं। ये कार्यक्रम हैं—गुस्सा कम करना, चिंता दूर करना, घबराहट दूर करना, लोभ की प्रवृत्ति को दूर करना, सदकर्म की प्रवृत्ति रखना, स्वास्थ्य में सुधार, उच्च आध्यात्मिक अनुभूतियां, ईर्ष्या को कम करना, समाज में बेहतर समझ—बूझ, सामाजिक मूल्य व संबंध इत्यादि।

समानांतर रूप से दिल्ली विश्वविद्यालय के आर. श्री कुमार द्वारा की गई शोध ने निम्नलिखित परिणाम दिए। ये परिणाम उस शोध के थे, जो पुलिस अधिकारियों पर किए गए थे। ये पुलिस अधिकारी इस प्रक्रिया को पूरा कर चुके थे और अपने पूर्व कार्यक्षेत्र में लौट चुके थे। मैं यहां स्पष्टतः उद्धृत करती हूं, 'उनमें से सभी अपनी कार्यक्षमता में बेशुमार वृद्धि महसूस कर चुके थे और अब वे और अधिक उत्तरदायित्व उठाने में सक्षम थे। उन्होंने अपने प्रशिक्षण से काम के दबाव को कम करना शुरू कर दिया और अब वे बिना किसी शिकायत के अधिक घंटों तक काम कर सकते थे। उन्होंने अपने कर्त्तव्यों के प्रति अपनी उच्च नैतिक संवेदनाओं व पुलिस अधिकारी के रूप में अपनी भूमिका के प्रति अपनी वचनबद्धता को विकसित कर लिया था। उन्होंने अपने गुस्से व भावनाओं पर नियंत्रण को सुधार लिया था।

दूसरे लोगों को व अपने परिवार के सदस्यों को समझने की उनकी समझ—बूझ में भी वृद्धि हो चुकी थी। इस प्रशिक्षण ने उनके घरेलू झगड़ों को भी कम कर दिया। विभिन्न परिस्थितियों का सामना करने का उनका आत्मविश्वास भी बढ़ चुका था और अब वे नई—नई चीजें सीखने लगे। अपने आपको तैयार करने के इस प्रशिक्षण ने उनमें एक परिवर्तन को जन्म दिया और अब वे मिस्टर राइट और एक सत्ताधारी से समाज के एक सेवक बन चुके थे। साथ ही अब वे अपनी क्षमता के अनुरूप अधिक से अधिक लोगों की सहायता करना चाहते थे। कोई भी पुलिस अधिकारी नहीं चाहता था कि कोई उसके पास आए। वह खाली हाथ जाए।

उन्होंने पाया कि अब वे समाज में जो कुछ हो रहा है उसके प्रति अधिक जिम्मेदार व संवेदनशील बन चुके हैं और एक सुधारात्मक व सकारात्मक सोच की ओर बढ़ रहे हैं। मानव अधिकारों के प्रति उनका दृष्टिकोण बदल चुका था। जैसा कि वे दावा करते हैं, मानव मूल्यों के प्रति उनकी स्वीकारोक्ति में भी वृद्धि हो चुकी थी। वे अपने आपको आम आदमी की जगह रखकर सोचने लगे थे। ऐसा आम

आदमी जो शोषित हैं और अन्याय को सहन कर रहा है और उसकी इस दशा को किस तरह सुधार जा सकता है, इस पर भी विचार करने लगे थे। यह मात्र संकेत हैं। संभवतः वर्तमान संदर्भ में इस पर विश्वास करना भी मुश्किल हो, लेकिन महत्त्वपूर्ण बात यह कि यह संपूर्ण प्रयास कभी भी व्यर्थ नहीं जाएगा। फिर इसमें अंतर कुछ भी हो, इससे सरोकार नहीं। यह अल्पावधि भी हो सकता है और दीर्घावधि भी। यदि हम वास्तव में कुछ पवित्र हल चाहते हैं तो इस रणनीति का निर्माण किया जा सकता है और इसे योजना प्रबंधन का आंतरिक हिस्सा बनाया जा सकता है।... अब गेंद पूरी तरह सत्ता के पाले में है।

❑

15

वन स्टॉप सर्विस सेंटर

मैं दो भिन्न क्षेत्रों पर अपनी प्रतिक्रियाएं अभिव्यक्त कर रही हूं। पहला एक दिलचस्प अनुभव है, जिसे मैंने औरंगाबाद के अपने दौरे के दौरान ग्रहण किया। मैं सोचती हूं कि यह अनुभव आप सबके साथ सांझा करने योग्य है और प्रतिस्पर्धात्मक भी है। दूसरी एक खबर है; जिसे मैंने एक राष्ट्रीय दैनिक में पढ़ा और इस खबर ने मुझे सोचने पर मजबूर किया।

औरंगाबाद का मेरा अनुभव एक अत्यंत शानदार सम्मान समारोह से संबंधित है। यह समारोह श्री पी.डी. पगारिया द्वारा आयोजित किया गया था। श्री पगारिया एक सफल व्यवसायी हैं और औरंगाबाद व जलगांव आदि क्षेत्र में जाने–माने आटो डीलर हैं। यह विशेष समारोह चार योग्य विद्यार्थियों को सम्मानित करने के उद्देश्य से आयोजित किया गया था। मुझे इन चारों विद्यार्थियों को इस विशेष समारोह में पुरस्कार स्वरूप स्कूटर देने के लिए आमंत्रित किया गया था। श्री पगारिया व उनके समूह का विद्यार्थियों की योग्यता को परखने और उनके चुनाव का अपना एक तरीका है। मुझे बताया गया कि श्री पगारिया हर वर्ष इस समारोह का आयोजन करते हैं और सम्मान समारोह सार्वजनिक तौर पर आयोजित किया जाता है, जिसमें बाहर के वरिष्ठ नागरिकों से लेकर युवा वर्ग सभी उपस्थित होते हैं।

मेरे लिए यह सब प्रत्यक्ष देखने व विश्वास करने के समान था। इस सम्मान समारोह में लगभग दस हजार लोग उपस्थित थे, जिनमें आधे से अधिक बाहर के स्कूल व कालेजों के छात्र थे। मेरी जानकारी के मुताबिक बाहर के युवा इस समारोह के लिए वर्ष भर इंतजार करते हैं, क्योंकि यह समारोह उन्हें

उस वक्ता को सुनने का अवसरं प्रदान करता है, जो उनके साथ अपने विचारों को सांझा करता है, उन्हें प्रेरणा देता है। लोगों का यह उत्साह इस कारण भी है, क्योंकि श्री पगरिया अपनी पद–प्रतिष्ठा या रुतबे से उस खास मेहमान को समारोह में बुलाने में सफल होते हैं, जिसे वह सोचते हैं कि विद्यार्थी और अन्य लोग आदरपूर्वक और ध्यानपूर्वक सुनेंगे।

लेकिन जो कुछ मैंने वहां देखा उसे साधारण प्रदर्शन नहीं कहा जा सकता। यह सब व्यापार करने की भावना के साथ किया गया था, जिसमें देशभक्ति का अनुबंध समाहित था। हर वर्ष यह समारोह देश के युवाओं को गौरवशाली व योग्य नागरिक बनने के लिए प्रेरित करने के उद्देश्य से आयोजित किया जाता है।

निःसंदेह यह विचार अत्यंत उत्कृष्ट व साधारण था। मैं आश्चर्य में थी कि हमारे पास श्री पगारिया जैसे और अधिक लोग क्यों नहीं हो सकते। हमारे देश में मौजूद प्रत्येक बिजनेस हाउस अपने स्टोरेज प्रोडक्शन या शोरूम से इसी तरह अपने उत्पाद, वस्तुएं या रचनात्मकता को उपहारस्वरूप भेंट क्यों नहीं कर सकता है, जो प्राप्तकर्ता की रूचि, प्रयोग, उपयोगिता के अनुरूप हो। बहुत से निमित्त हैं, जिनसे बिजनेस कम्यूनिटी जुड़ सकती है। उदाहरणस्वरूप बच्चे, युवा, स्त्रियां, बुजुर्ग, अभिभावक, कामगार, कलाकार, लेखक, सरकारी नौकर और भी बहुत से क्षेत्र हैं। ये प्रयास जीवन के विभिन्न क्षेत्र में योग्य व जाने–पहचाने लोगों के लिए दिए जाने वाले 'सम्मान या उपहार' को एक उद्देश्य प्रदान करते हैं और निःसंदेह ये अवसर काफी सशक्त भी होते हैं। इससे सभी के लिए सम्मान व पहचान के साथ समाज में समन्वय की भावना पनपती है।

मैंने स्वयं देखा और जाना है कि ये प्रयास सभी के लिए फायदे का सौदा हैं। उदाहरणस्वरूप जब योग्य व्यक्ति को उपहार दिया जाता है, तो वह बिना अधिक प्रयासों के प्रोत्साहन पाता है। दर्शक या प्रत्यक्षदर्शी समारोह में आमंत्रित मेहमानों की उपस्थिति व वक्तव्यों से प्रेरणा पाते हैं और प्राप्तकर्ता समाज में पहचान व प्रोत्साहन पाते हैं और आगे जाकर अपनी प्रेरणा को विस्तृत करके समाज में पद–प्रतिष्ठा हासिल करते हैं। मैंने यह जानने की कोशिश की क्यों श्री पगारिया ने यह कार्य आरंभ किया? इसका ख्याल उन्हें कहां से आया? मुझे यह जानकारी मिली कि वह एक समर्पित शिक्षाविद् के बेटे हैं, जिन्होंने अपने जीवनकाल में ही विद्यालय खोला था।

श्री पगारिया ने अपनी इस विरासत को प्राथमिक रूप से आगे जारी रखा और यह उनका आनुवांशिक गुण रहा है। मैंने अपने आप से प्रश्न किया कि

> पुलिस स्टेशन एक वास्तविक व क्रियाशील संस्थान (हेल्प लाइन) है।

उन लोगों का क्या है, जिनके पिता इस तरह के नहीं हैं। इसका अर्थ है लोग इस ओर ध्यान नहीं देते हैं और वैसे लोग जिनके पास इस तरह की विरासत है, वह श्री पगारिया की तरह काम कर सकते हैं? (अपवाद हमेशा दूसरी तरफ होता है।) एक दूसरा क्षेत्र जिसने मुझे प्रभावित किया, वह यह था जिसे मैंने हाल में ही एक खबर कम्यूनिटी पुलिसिंग रिसोर्स सैंटर के बारे में पढ़ी थी, जिसका उद्घाटन डिस्ट्रिक्ट कोर्स कांप्लैक्स अमृतसर में हुआ था। इसकी स्थापना इस नई अवधारणा के साथ हुई थी जिसमें एक ही खिड़की पर लोगों की समस्याओं का समाधान किया जा सके, जिसमें पासपोर्ट वैरिफिकेशन के बारे में सूचनाएं, हथियार रखने के लाइसैंस के बारे में जानकारी आदि हासिल हो।

इसमें यह भी कहा गया था कि कुछ केंद्र कंप्यूटर, टेलीफोन आदि से सुसज्जित होंगे। इस वन स्टाप सर्विस सैंटर का प्रभारी एक वरिष्ठ पुलिस अधीक्षक होगा। इसमें एक नई चीज के बारे में संकेत दिया गया है। कुछ सैंटरों में पुलिस के छह स्तरों को रखा जाएगा। यह एक रोचक एवं प्रशंसनीय कार्य था, लेकिन पुराने अनुभवों को याद करते हुए मुझे यह उम्मीद है कि यह एक और केंद्र बिना पर्याप्त कर्मचारी के न रह जाए और पुलिस स्टेशन और कानून व्यवस्था की कीमत पर मानव संसाधन को दूसरी तरफ न ले जाया जाए। एक और चिंता की बात मेरे लिए यह भी है कि इस व्यवस्था के जन्मदाता का ट्रांसफर होने के बाद कहीं यह व्यवस्था समाप्त न हो जाए, जैसा कि आमतौर पर हमारी व्यवस्था में ये बातें होती हैं। एक चीज और मेरे दिमाग में कौंधती है कि किसी भी नए सैंटर को खोलने से पहले वाले से अधिक मजबूत सैंटर खोलने की पर्याप्त कोशिश करनी चाहिए।

जैसा कि हर इंसान जानता है कि पुलिस स्टेशन एक वास्तविक व क्रियाशील सहायक संस्थान (हैल्प लाइन) है और सहायता के लिए एकमात्र स्थान है, जहां सहायता हेतु हर आम नागरिक जा सकता है, तो क्या पुलिस स्टेशनों की स्थापना एक यही प्रयास है? जिस बात से मैं भयभीत हूं, वह यह कि इस तरह के और अधिक विभिन्नताओं वाले केंद्र के चलते यदि कोई व्यक्ति पुलिस स्टेशन जाता है, तो हो सकता है कि उसे सहायता के लिए किसी अन्य केंद्र या स्टेशन में जाने के लिए कहा जाए। मुझे आश्चर्य है कि हम पुलिस स्टेशनों में

कंप्यूटर क्यों नहीं लगा रहे हैं, ताकि उस केंद्र पर उपलब्ध सूचनाओं पर जाकर सभी तरह की जानकारी हासिल की जा सके और वहां कार्यरत स्टाफ इस प्रणाली की समस्त जानकारियां रखने वाला, संवेदनशील व सहायक होगा ताकि इस मल्टीपल सिस्टम को समझने में आम लोगों की सहायता की जा सके, इसलिए मैं कहूंगी कि अकेला चना भाड़ नहीं फोड़ सकता। श्री पगारिया और कम्यूनिटी पुलिसिंग रिसोर्स अकेले कुछ नहीं कर सकते। हमें सभी बिजनैस सैंटरों व व्यक्ति विशेषों की जरूरत है, जो अपना योगदान दे सकें और सभी पुलिस स्टेशन रियल टाइम हैल्प लाइन के रूप में स्थापित हों।

❑

16

खादी व खाकी में मुठभेड़

बिहार में खादी और खाकी के बीच हिंसक मुठभेड़ हुई। खादी यानी महान राजनेताओं के विचार में पुलिस द्वारा किया गया कोई भी हमला उनके सत्ता आधार को चोट पहुंचा सकता है और दूसरी ओर पुलिस आत्मरक्षा और सुरक्षा कारणों से इस तरह की कार्यवाही के लिए विवश है। यह संपूर्ण मामला मुख्य तौर पर बिहार के सीवान जिले के राजद सांसद मोहम्मद शहाबुद्दीन से जुड़ा हुआ था। मोहम्मद शहाबुद्दीन हथियारों में गहरी दिलचस्पी रखता है और इसी कारण उसे शाबू ए.के.–47 के नाम से भी पुकारा जाता है। उसे तीन बार गिरफ्तारी वारंट भेजे जा चुके हैं और लगभग तीस मामले उसके खिलाफ विचाराधीन हैं।

रिकार्ड्स में उसे भगोड़ा यानी फरार दिखाया गया है। अपने आपको किसी भी संभावित मुसीबत से बचाने के लिए यह सांसद वायरलेस और ऐसे ही आधुनिक उपकरणों का प्रयोग करता है। मोहम्मद शहाबुद्दीन के अभी तक के बयानों के अनुसार वह कभी भी पुलिस को आत्मसमर्पण नहीं करेगा, क्योंकि उसकी नजरों में आत्मसमर्पण अपनी गलती को और अन्याय को स्वीकारना होगा। आश्चर्य की बात नहीं कि रिकार्ड्स पर नामजद इस अपराधी सांसद को पकड़ने के लिए इनके घर और अन्य ठिकानों पर सीवान के पुलिस अधीक्षक द्वारा मारे गए छापे में कुल 11 लोग जान से हाथ धो बैठे, जिनमें दो पुलिस वाले भी शामिल थे। यह अपनी तरह का अनूठा मामला है जिसमें पुलिसकर्मियों ने पहली बार मात्र किसी भगोड़े के खिलाफ नहीं बल्कि अपने ही राजनीतिक आकाओं के खिलाफ इस तरह की मुहिम छेड़ी है। इस घटना के तुरंत बाद सीवान के पुलिस

अधीक्षक का तबादला कर दिया गया। सीवान के इस राजद सांसद का यह मामला राजनेताओं व अपराधियों के बीच बढ़ते आपसी संबंधों को उजागर करता है। नौकरशाही व पुलिस की किंकर्त्तव्यविमूढ़ता तथा उनमें अराजकता की स्थिति सभी इसी का परिणाम है। बिहार में अपराधी व बड़े–बड़े सरगना बिना किसी रोक–टोक के राजनीतिक पार्टियों को नियंत्रित कर रहे हैं और सरकार कानून–व्यवस्था और शासन का उपहास बनते हुए देख रही है। बिहार में कम से कम चालीस विधायक आपराधिक रिकार्ड होल्डर हैं, जिसमें से दो दर्जन विधायक सत्तापक्ष से ही हैं और राज्य पुलिस के साथ इन सभी की गंभीर झड़पें हो चुकी हैं। इन्हीं विधायकों में से चार विधायकों के साथ शहाबुद्दीन यानी शाबू ए के–47 के साथ गहरे ताल्लुकात हैं, साथ ही ये 1996 के संसदीय चुनावों में सीवान के पुलिस अधीक्षक पर हुई गोलीबारी में भी संलिप्त रहे हैं। इन अपराधियों में से अधिकतर जेल में भी थे, पर इससे उनके तौर–तरीकों पर कोई फर्क नहीं पड़ा। जेल में इन अपराधियों द्वारा सेलुलर फोनों के प्रयोग को रोकने के लिए सरकार ने जैमर तक खरीदने की जहमत नहीं उठाई। दूसरी ओर सरकार द्वारा पटना सेंट्रल जेल बेउर से इन अपराधियों को दूसरी जेलों में भेजने की कार्यवाही का ये शातिर अपराधी अपनी ताकत के बल पर विरोध कर रहे हैं। बहुत से अपराधी अपने आपको बचाने के लिए अस्पताल में भर्ती हो गए। एक पुलिस अधिकारी ने जब इन्हीं अपराधियों में से एक को अस्पताल छोड़कर बाजार में घूमते देखा तो उसे पकड़ने की कोशिश की। इस कार्यवाही पर उस पुलिस अधिकारी को विधानसभा की विशेषाधिकार समिति का डर दिखाकर धमकाया गया।

दरअसल पुलिस अब वहां हताश, निराश और खत्म होने के कगार पर है अन्यथा उस भूतपूर्व मंत्री की गिरफ्तारी सुनिश्चित करने की दिशा में पुलिस थोड़ा–बहुत प्रयास अवश्य कर सकती थी, जिसने अपने दलित ट्रक ड्राइवर को भयंकर यातनाएं दी थीं, उसने खुद ही अपने आपको पुलिस के हवाले किया था। इसी तरह एक वरिष्ठ मंत्री किसी माफिया सरगना के घर व जेल उसका हालचाल पूछने व उसके घावों पर मरहम लगाने गए। एक अनोखा मामला ऐसा भी है, जिसमें पुलिस एक महत्त्वपूर्ण मंत्री के घर से कुख्यात अपराधी को गिरफ्तार करने में असफल रही।

इन परिस्थितियों में पुलिस और नौकरशाही के पास अब एक कठोर मगर सीधा विकल्प बचता है। उन्हें यह जरूर समझ लेना चाहिए कि वह इस सेवा में

नौकर बनने के लिए नहीं, बल्कि लोगों की सेवा और कानून की हिफाजत करने के लिए आए हैं, पर अफसोस आज पुलिस और नौकरशाही लोगों और कानून की सुरक्षा के बजाय खुद को सुरक्षित करने की जरूरत महसूस करने लगी है।

> ! पुलिस और नौकरशाही में लोग नौकर बनने के लिए नहीं, बल्कि सेवा और कानून की हिफाजत करने के लिए आए हैं। !

ऐसे में स्वाभाविक रूप से लोगों की सेवा और सुरक्षा के लिए कोई नहीं बचेगा और तब इनके पास सिर्फ एक रास्ता बचता है या तो उन दरिंदों के सामने समर्पण कर दें या फिर गहरे समुद्र में डूब मरें।

❑

17

मेरी विदेश यात्रा

अपनी विदेश यात्रा के बारे में आपको बता रही हूं। जिस जगह मैं गई थी वहां की शांति व व्यवस्था को देखकर मैं अपने अनुभवों को आपसे सांझा करने के लिए आतुर हो रही हूं। हालांकि इससे पहले भी मुझे अपनी विभिन्न विदेश यात्राओं के दौरान इस प्रकार के अनुभव हुए हैं, लेकिन इसके बारे में मैंने पहले कभी नहीं लिखा। कई बार की तरह इस बार भी मैंने अनुभव किया कि भारत और विदेशों की स्थिति में कितनी विषमता है। भारत में हम लोगों की दिनचर्या व रहन–सहन किस प्रकार का है। आप कह सकते हैं कि यह एक तुलनात्मक विश्लेषण है, न कि कोई फैसला, लेकिन इसे पढ़ने के बाद हम सब एक बार सोचने के लिए जरूर मजबूर होंगे कि आखिर किन कारणों व विवशताओं की वजह से हमारी यह दशा है।

मैं इस तथ्य से हमेशा सहमत रही हूं कि किसी भी देश की सड़कें व गलियां उस देश के चरित्र को प्रतिबिम्बित करती हैं जो कि नागरिक समझ, सामाजिक शिक्षा, सामाजिक आदान–प्रदान, अनुशासन, कानून व नियमों के प्रति आस्था, आर्थिक स्थिति, जीवन स्तर, लोक प्रशासन के गुण और यहां तक कि राजनीतिक शासन की स्थिति को स्पष्ट करते हैं। विकसित देशों के लोगों में आत्म सुरक्षा की भावना सचमुच प्रशंसनीय है। इसी संदर्भ में यूरोपीय देशों के बारे में बता रही हूं जहां मैं भ्रमण के लिए गई थी। सड़कों पर यातायात पुलिस की गैर मौजूदगी के बावजूद वहां प्रत्येक व्यक्ति यातायात नियमों का पालन करता है। आवश्यक स्थानों पर सभी यातायात चिह्न (सिम्बल) मौजूद हैं, जिनके अनुसार चलते हुए सड़क पर अपनी बारी की प्रतीक्षा करना, अपनी

> प्रशासन, यातायात पुलिस व नागरिकों का सामूहिक सहयोग अव्यवस्थित यातायात शैली को सुधार सकता है।

लाइन में चलना, दाएं जाने वालों को रास्ता देना आदि नियमों का ईमानदारी से पालन करने के कारण ही यातायात व्यवस्था हमेशा सुचारू रूप से चलती रहती है। यातायात संबंधित सिग्नल्स हमेशा काम करते हैं और बिजली जाने का तो सवाल ही पैदा नहीं होता, जबकि भारत में हालात बिल्कुल विषम हैं। अनावश्यक रूप से हार्न का प्रयोग करके हम ट्रैफिक जाम से बच निकलेंगे यह गलत अवधारणा अधिकतर लोगों को बेचैन किए रहती है। जहां यातायात चिह्नों की आवश्यकता है वहां या तो लगाए नहीं जाते या फिर उन पर पोस्टर आदि चिपका दिए जाते हैं।

जहां यह यातायात चिह्न अथवा सिग्नल मौजूद होते हैं वहां बिना पुलिस की उपस्थिति के यह निष्प्रभावी होते हैं और ज्यादातर ड्राइवर इसका उल्लंघन करते हैं। बिजली न होने या तकनीकी खराबी के कारण यातायात समस्याओं की गिनती भी संभव नहीं है। दूसरी विषमता मैंने देखी की लोग ड्राइविंग करते समय अपने गंतव्य पर सही समय पर पहुंचने के लिए निश्चिंत रहते हैं। लोग भीड़ से भी परेशान नहीं होते हैं। वहां लोग इस बात से भी वाकिफ होते हैं कि ज्यादा स्पीड या गति उनकी कोई मदद नहीं कर सकती है, बल्कि इस वजह से वह पकड़े जा सकते हैं और दंड भी भुगतना पड़ सकता है, जबकि हमारे यहां हम महसूस करते हैं कि अगर हम आगे नहीं चलेंगे तो सही समय पर गंतव्य पर नहीं पहुंच सकेंगे और पकड़े जाने का खतरा या भय भी कम है। यदि पकड़े जाएं भी तो हम लोग मैनेज कर सकते हैं। तीसरा अंतर मैंने देखा कि यहां ट्रैफिक सजातिय होता है। इसमें कार, बस और कुछ मोटर साइकिल शामिल हैं। बस, लॉरी ज्यादातर हाइवे और बड़ी सड़कों पर चलती हैं। ये वाहन छोटी सड़कों पर नहीं चलतें। ज्यादातर वहां गलियां या सड़कें वन–वे होती हैं। इलैक्ट्रिक ट्रेन और पैसेंजर वाहन जैसे यातायात के साधनों के कारण एक साथ ज्यादा से ज्यादा लोग सफर तय कर लेते हैं। इसकी तुलना में भारत में देखें तो हमारे पास सड़कों पर तीस से अधिक तरह के वाहन मौजूद हैं जिसमें कबूतर, कुत्ते, भेड़, बकरियां, साइकिल सवार, पैदल यात्री, तांगा, रिक्शा, स्कूटर, कार, ट्रक, बस और यहां तक कि गलत क्रासिंग प्वाइंट के साथ चलती ट्रेन सचमुच विदेशी यातायात व्यवस्था की तुलना में एक अजूबा है।

एक खास बात मैंने यह देखी कि वहां सभी ड्राइवर प्रशिक्षित होते हैं। ड्राइविंग लाइसेंस पाना अपने आप में एक टेढ़ी खीर है। यदि आप इसके हकदार नहीं हैं तो आपको यह कभी नहीं मिल सकता है। ड्राइवरों के लिए कोई गंभीर दुर्घटना अथवा अपराध होने पर लाइसैंस खारिज होने का भी डर बना रहता है। वहां पर ड्राइविंग लाइसेंस बतौर जीवन रेखा एक महत्त्वपूर्ण पद या स्थिति माना जाता है। जबकि भारत में ठीक इसके विपरीत स्थिति देखने को मिलती है। यहां घर बैठे ड्राइविंग लाइसेंस मिल सकता है। अधिकारियों व इलाकों से आप कई लाइसेंस एक साथ प्राप्त कर सकते हैं, यानी हमारे पास ढेर सारे अतिरिक्त लाइसेंस खोने के लिए हो जाते हैं। यदि इसमें से एक पुलिस ने वापस ले भी लिया तो दूसरा आसानी से प्राप्त हो सकता है। वहां पर मैंने एक भी खटारा और धुआं छोड़ता वाहन नहीं देखा और न ओवरलोडेड और अपनी उम्र से अधिक के वाहन सड़क पर नजर आए। ऐसा इसलिए संभव है क्योंकि प्रत्येक वाहन को वार्षिक रूप से सड़क पर चलने के लिए प्रमाण पत्र दिया जाता है। वहां की सड़कों पर थोड़ी सी भी टूट–फूट और गति अवरोधक नहीं नजर आते हैं।

सड़क पर यातायात चिह्न, मार्गदर्शक बोर्ड व लाइटें ऐसी होती हैं कि आप सुगमता से अपनी यात्रा पूरी कर सकते हैं। जबकि हमारे यहां देखें तो ओवरलोडेड, धुएं से भरे पुराने और टूटे वाहनों की सड़कों पर मौजूदगी कोई आश्चर्य की बात नहीं है। इन वाहनों को सड़क पर चलने का प्रमाण पत्र कहीं भी आसानी से पैसों की बदौलत उपलब्ध हो जाता है। आप कभी भी ये नहीं जान सकते हैं कि कब आप खड्डे में गिर जाएं या अचानक प्रकट हुए गति अवरोधक पर झटका खा जाएं। सड़कों पर लाइटों और यातायात चिह्नों की स्थिति दयनीय है। इस कारण यहां पर लोग किसी भी जगह वाहन खड़ा कर सही रास्ता ढूंढते नजर आते हैं। साथ ही पिछले वाहन द्वारा टक्कर लगने की आशंका बराबर बनी रहती है। विदेश में मैंने देखा कि किसी को भी खास तरह की सुविधाएं नहीं दी गई हैं। सबके पास रास्ते पर चलने के समान अधिकार हैं। कहीं भी लाल और नीली बत्तियां नहीं हैं। यदि कहीं सायरन हैं भी तो वो सिर्फ आवश्यक वाहनों पर ही लगाए गए हैं, और लोग उन्हें हमेशा रास्ता देने के लिए हट जाते हैं। इन मामलों में भी हमारे यहां प्रायः सड़क पर लोग एंबुलेंस, फायर ब्रिगेड, पुलिस कंट्रोल वैन के लिए रास्ता नहीं छोड़ते हैं। वी.आई.पी. के ब्लैक कमांडो

और एस्कार्ट जीप सड़क पर अन्य लोगों को सुरक्षा की धमकी देते हुए पीछे धकेल देते हैं।

ये सभी विषम परिस्थितियां हमारी अव्यवस्थित जीवन व यातायात शैली को दर्शाती हैं। ये साफ संकेत हैं कि हम किस तरह के लोग हैं। हम अपने साथ क्या कर रहे हैं और हम बेहतर सुविधाओं व परिस्थितियों से कितनी दूर चले गए हैं। ये स्पष्ट संकेत है कि प्रशासन, यातायात पुलिस व नागरिकों का सामूहिक सहयोग इस दूरी को पाट सकता है, जबकि हमारे यहां बेहतर व सुचारू यातायात व्यवस्था, अनुशासन, आत्म सुरक्षा, कानून व नियमों के प्रति आदर, प्रभावकारी दबाव प्रगति व उन्नति पाने की कोशिशों में खुद को अकेला पाते हैं।

❑

18

मजबूत आधार या दिखावा

पिछले वर्ष दिल्ली में संपन्न हुए इंडो–ब्रिटिश पुलिस सम्मेलन में मुझे ब्रिटिश पुलिस के वरिष्ठ महिला–पुरुष पुलिस ऑफिसरों से मिलने का अवसर मिला। मैं काफी वर्षों से भारतीय पुलिस सेवा में अपनी सेवाएं दे रही हूं, लेकिन मेरे मन में एक जिज्ञासा थी, जिसे मैं उन ब्रिटिश पुलिस अधिकारियों से जानना चाहती थी कि विभिन्न परिस्थितियों में वे किस तरह प्रतिक्रिया करते हैं। मैंने उनसे इस संबंध में कुछ प्रश्न किए, जैसे क्या एक वरिष्ठ पुलिस अधिकारी होने के नाते आप दिन के चौबीसों घंटे विभिन्न परिस्थितियों व टेलीफोन कालों पर प्रतिक्रिया देने के लिए वायरलैस या टेलीफोन पर उपलब्ध रहते हैं? इस पर उनका उत्तर था 'नहीं, बिल्कुल नहीं।' हमारी प्रबंधन व्यवस्था परिवर्तनशील है। सप्ताह के सातों दिन हममें से प्रत्येक को अपने काम के दिन, घंटों व आराम के दिन के बारे में पता होता है।

चलिए अब हम ब्रिटिश पुलिस व्यवस्था व अपने यहां की पुलिस व्यवस्था पर तुलनात्मक दृष्टिकोण से विचार करते हैं। यह ब्रिटिश पुलिस व्यवस्था के पूरी तरह विपरीत है। हमारे यहां पुलिस के प्रत्येक अधिकारी जो फील्ड ड्यूटी पर होते हैं, से आशा की जाती है कि वह दिन के चौबीसों घंटे ड्यूटी पर मौजूद रहें या पकड़ में रहें, ताकि उसे कभी भी बुलाया जा सके। उससे बिना किसी विलम्ब के मौके पर उपलब्ध होने व अपनी प्रतिक्रिया देने की अपेक्षा भी की जाती है। छुट्टी मिल जाए तो इसे उसका सौभाग्य समझिए या फिर वरिष्ठ अधिकारी की सहानुभूति। कुछ अधिकारियों की सभी छुट्टियां शार्ट नोटिस पर भी समाप्त कर दी जाती हैं और आपात स्थिति से निबटने के लिए उन्हें बुला लिया जाता है। निजी परेशानियों से घिरे होने पर ये अधिकारी छुट्टियों में जोड़–तोड़ की मिन्नतें करते हैं और जितनी

छुट्टियों की इन्हें आश्यकता होती है, उन्हें कम करने पर भी राजी हो जाते हैं। इस तरह हमारे देश में एक कर्त्तव्यनिष्ठ व अपनी ड्यूटी के प्रति ईमानदार पुलिस अधिकारी को आराम के वक्त भी टेलीफोन कालों पर जवाबदेही देनी होती है। यही नहीं, उस पुलिस अधिकारी के परिवारजनों को भी उसके काय के घंटों से पहले या बाद यानी उसके साथ–साथ पुलिस ड्यूटी का निर्वाह करना होता है। उदाहरण के तौर पर यदि रात में भी कार्यालय से उस पुलिस अधिकारी के लिए टेलीफोन के जरिए या अन्य माध्यमों से बुलावा आता है तो उसके साथ–साथ उसके परिवार को भी जागना पड़ता है।

उन ब्रिटिश पुलिस अधिकारियों से मेरा दूसरा प्रश्न था कि अत्यंत वरिष्ठ पुलिस अधिकारी होने के बावजूद हालांकि हर घटनास्थल पर आपके पहुंचने की अपेक्षा की जाती है, लेकिन कितनी बार आप यह सोचकर कि आपके वरिष्ठ अधिकारी उस स्थान पर पहुंच रहे हैं, आप उस घटनास्थल पर जाते हैं। इस पर उनका सीधा सा उत्तर यह था कि हमारे यहां वरिष्ठ राजनीतिक लोग अपराध निर्धारण या किसी खोजबीन को लेकर पुलिस के काम में कोई हस्तक्षेप नहीं करते हैं। वे इस तरह के कामों को पूरी तरह पुलिस के होनहार जवानों पर छोड़ देते हैं और हम उनकी अपेक्षाओं के मुताबिक बेहतरीन से बेहतरीन परिणाम देने का प्रयास करते हैं। हम अपने काम के प्रति पूरी तरह जिम्मेदार हैं और पदोन्नति से हमें भी प्यार है। चूंकि हम वरिष्ठ पुलिस अधिकारी हैं, अतः हम अपने अपर अधिकारियों, सहयोगियों के काम में भी जानबूझकर कोई दखलअंदाजी नहीं करते हैं। हम उन्हें अपने काम को पूरी ईमानदारी से करने की पूरी छूट देते हैं। हम उन पर निगरानी रखते हैं उन्हें हर संभव सहायता देते हैं, लेकिन यह सब बिना दखलअंदाजी के एक सहयोगी की भावना से होता है न कि एक प्रशिक्षक के रूप में। हम अपने काम में व्यावसायिक आचरण का भी पूरा ध्यान रखते हैं और यदि हम स्वयं इस पर ध्यान नहीं देते हैं या कोई गलती करते हैं तो हम पर निगरानी रखने वाली कुछ बाह्य एजेंसियां भी होती हैं। इस तरह किसी भी गलती का परिणाम पूरी यूनिट को भुगतना पड़ सकता है।

हमारी परिस्थितियों से यदि इनकी तुलना की जाए तो यहां भी व्यापक विरोधाभास है। हमारे देश में हर तरह के वी.आई.पी. लोगों की एक लंबी फेहरिस्त है और यदि यहां कोई त्रासदी घटती है तो वहां क्षेत्रीय नेताओं का तांता लग जाता है और इस पर सबसे वरिष्ठ अधिकारियों से भी अपेक्षा की जाती है कि वे तुरंत घटनास्थल पर पहुंचे। यही नहीं, ये क्षेत्रीय नेता उन परिस्थितियों में अपने निर्देश

देने भी नहीं भूलते। परिणाम यह होता है कि किसी भी घटना या त्रासदी के रहस्यों को उद्घाटित करने वाले प्रोफेशनल पीछे हट जाते हैं और भ्रमित करने वाली युक्तियां प्रभावी हो जाती है। कई बार यह युक्तियां त्रासदी से जुड़ी गुत्थियों को इस कदर उलझा देती हैं कि काम में काफी बाधा उत्पन्न होती है और इससे पुलिस प्रोफेशनल का उत्साह भी टूटता है। कई बार इसके कारण अन्वेषण व बचाव कार्यों में भी विलम्ब होता है। उदाहरण की बात करें तो मेरी ताजा याददाश्त में ऐसी कई घटनाएं हैं जो इस सच्चाई को बयां करती हैं।

इसके बाद मैंने उनसे एक तीसरा प्रश्न भी किया कि आपका कार्यकाल कितना लंबा है। इस पर उनका उत्तर था कि एक चीफ कांस्टेबल का कार्यकाल कमीश्नर ऑफ पुलिस व डिप्टी जनरल ऑफ पुलिस के कार्यकाल के बराबर होता है। यह 4 से 6 साल के अनुबंध पर होता है। यदि इससे हम अपनी तुलना करें तो हमारे यहां पुलिस प्रमुख भी अपने कार्यकाल को लेकर आश्वस्त नहीं हैं। उसे नहीं मालूम कि वह कब तक उस पद पर कार्यरत है और कब आदेशानुसार उसका तबादला कर दिया जाएगा। पुलिस प्रमुख की नियुक्ति से पूर्व नहीं बताया जाता कि वह कब तक उस पद पर कार्य करेगा। यही कारण है कि डिप्टी जनरल ऑफ पुलिस का कभी भी तबादला किया जा सकता है। इससे कोई ताल्लुक नहीं कि वह एक फोर्स या सर्विस का प्रमुख भी है। सच कहें तो भारतीय पुलिसकर्मियों का मनोबल चुनौतीपूर्ण है।

अब उन ब्रिटिश पुलिस अधिकारियों से मेरा अगला प्रश्न यह था कि आप सरकार के साथ अपने सेवा विषयों को किस प्रकार सुलझाते हैं? उनका जवाब था कि हमारा सेवा संगठन काफी अच्छा है जो सरकार के साथ हमारा तालमेल कराता है। जी हां, हम अपने विषयों को लेकर न्यायालयों की शरण में भी जा सकते हैं।

अब बात आती है इस इंडो–ब्रिटिश सम्मेलन की, जिसे पुलिस व्यवस्था को सुसंगठित, सुनियोजित बनाने व अपने अनुभवों को सांझा करने के लिए आयोजित किया गया था। सम्मेलन में सभी कुछ काफी अच्छा व विषयानुकूल था, लेकिन बात आती है कि मौलिक बातों पर विचार–विमर्श किए बिना हम और आप किस तरह एक मजबूत व्यवस्था के निर्माण का दावा कर सकते हैं।

एक ऐसा घर जिसे बनाए हुए अभी सप्ताह भर हुआ है, उसकी दीवारों के गिरने का खतरा हमेशा बना रहता है। फिर भले ही उस घर में कितना भी अच्छा फर्नीचर, पर्दे, कालीन, रंग–रोगन क्यों न किया गया हो, वे चीजें घर की मजबूती के प्रमाण कभी नहीं हो सकते। हम कम्यूनिटी पालिसिंग की बात कर

> दुर्बल दीवारों ! पर प्लास्टर करने से नहीं चलेगा। सुचारू पुलिस व्यवस्था के लिए नींव का पुनर्निर्माण ! होना जरूरी है।

रहे हैं, जंहां पुलिस और लोगों के बीच सहभागिता व सांझेदारी का विकास होता है। यदि यह सांझेदारी केवल फोटो अवसरों तक सीमित है तो यह काफी संकीर्ण उद्देश्य के लिए है, लेकिन यदि यह सांझेदारी मजबूत व विश्वसनीय रिश्तों में विकसित होती है तो ये दोनों काफी लम्बी समयावधि तक इस सांझेदारी की मिसाल कायम कर सकते हैं। जैसा कि मैंने पहले आधारभूत तत्त्वों की बात की थी, इन मौलिक तत्वों की अनुपस्थिति का सबसे बेहतर परीक्षण आपराधिक घटनाओं, डकैतियों व उनके घटने के तरीके से किया जा सकता है। आज हम स्पष्ट रूप से निर्माण करने की बजाए कमजोर दीवारों के लिए रंग–रोगन का चुनाव कर रहे हैं।

❑

19

न्याय प्रक्रिया में देरी कहीं अन्याय तो नहीं?

हमारे देश भारत के बारे में अक्सर कहा जाता है कि यहां अपराध भी फलदायी है। इसके बहुत से कारण हैं लेकिन न्याय मिलने में होने वाला विलम्ब इसका प्रमुख कारण है। इंसाफ में देर का एक मतलब हमेशा के लिए इंसाफ़ न मिलना भी हो सकता है। इसके बहुत से उदाहरण भी हमारे सामने हैं। लगभग एक दशक पूर्व हर्षद मेहता ने आम जनता के करोड़ों रुपये धोखे से ठग लिए थे। इसी तरह का एक मामला हमारे सामने है अब केतन पारेख नामक शेयर दलाल ने बैंक और छोटे निवेशकों के करोड़ों रुपये धोखे से गबन कर लिए। अब ठगे हुए लोग इस बात को लेकर आश्वस्त नहीं हैं कि उन्हें उनका पैसा वापस मिलेगा या नहीं साथ ही दूसरे केतन पारेख को इस जालसाजी की उचित सजा मिल भी पाएगी या नहीं।

यद्यपि ये अपराधी इतने ढीठ हैं कि इस तरह के बड़े और सफेदपोश अपराधों को जल्दी ही स्वीकार नहीं करते हैं क्योंकि ये जानते हैं कि हमारी न्याय व्यवस्था का चक्र बहुत धीमे घूमता है और महत्त्वपूर्ण मामले बिना किसी सजा के स्वयं ही समाप्त हो जाते हैं। अतः ऐसे अपराधी केस खारिज होने तक गैरकानूनी तरीके से हासिल किए गए अपने धन का पूरा मजा लेते हैं और अपने इस धन के साथ वे अपनी इज्जत और प्रतिष्ठा का भी व्यापार करते हैं, उसे बेचते हैं। इसलिए ऐसे लोगों को अपने मान–अपमान की कोई परवाह नहीं होती। दरअसल ऐसे लोग बदनामी और अपमान से बेपरवाह होते हैं और न ही इनमें किसी प्रकार की नैतिकता होती है। सत्य यह है कि हमारी न्याय–व्यवस्था का ढांचा ही कमजोर है। 1.2 अरब आबादी वाले भारत में मात्र तेरह हजार न्यायाधीश हैं। यानी हमारे यहां प्रत्येक दस लाख लोगों की आबादी पर मात्र दस से बारह न्यायाधीश ही उपलब्ध हैं। अमरीका में यही संख्या

प्रत्येक दस लाख पर एक सौ पच्चीस और ब्रिटेन में सौ हैं। भारत के पड़ोसी देशों में भी यह संख्या प्रत्येक दस लाख की आबादी पर लगभग तीस न्यायाधीशों की है। हालांकि हमारे यहां उच्च न्यायालयों में कुल 680 न्यायाधीश इंसाफ करने का कार्य कर रहे हैं और 182 पद खाली पड़े हैं जिन्हें तत्काल भरने की आवश्यकता है। उच्च न्यायालयों के इन न्यायाधीशों की नियुक्तियों में देरी का कारण सरकार द्वारा संबंधित प्रस्तावों को पास न करना है। साथ ही इन प्रस्तावों को विभिन्न संस्थापनों द्वारा सारणीबद्ध करने की आवश्यकता भी है। अधीनस्थ न्यायालयों में भी स्थिति कुछ अच्छी नहीं है। देश भर के इन न्यायालयों में मात्र बारह हजार तीन सौ अधीनस्थ न्यायिक अधिकारी ही उपलब्ध हैं जबकि कम से कम पांच हजार खाली पड़े पदों को भरने के लिए उच्च न्यायालयों द्वारा प्रस्ताव भेजे जा चुके हैं। आश्चर्य की बात नहीं कि प्रत्येक न्यायालय में बहुत सारे मामले निबटाए जाने बाकी हैं।

> ! आपराधिक न्याय प्रणाली के माध्यम से एक साथ मिलकर ही अपराधियों को उनके अपराध की सजा दी जा सकती है और असहाय और पीड़ित को न्याय दिलाया जा सकता है। !

यदि किसी मामले में कोई तारीख छूट जाती है तो संभवतः अगली तारीख एक साल से पहले नहीं मिलती। भारत के प्रधान न्यायाधीश ने भी सभी न्यायाधीशों चाहे वे उच्च न्यायालयों के हों या अधीनस्थ न्यायालयों के, सभी को गैरजरूरी मामले शीघ्र निबटाने का व ऐसे मामलों को ज्यादा लम्बा न खींचने का सुझाव दिया है व आग्रह किया है कि यदि किसी मामले की कार्यवाही पूरी हो चुकी है तो ऐसी स्थिति में फैसला सुनाने में किसी प्रकार की देर नहीं होनी चाहिए।

इस स्थिति में सबसे अधिक महत्त्वपूर्ण बात जिसकी काफी आवश्यकता महसूस की जा रही है वह है आपराधिक न्याय प्रणाली में एक संगठित सोच यानी राजनीतिक नेतृत्व, पुलिस, प्रशासन, अभियोग और न्याय व्यवस्था सभी राष्ट्रीय, राज्य और जिलास्तरों पर न्याय प्रणाली में होने वाले विलम्ब के मुद्दों पर आपसी विचार–विमर्श के लिए संगठित हों।

केवल यही एक तरीका है जिसके माध्यम से एक साथ मिलकर ही अपराधियों को उनके अपराधों की सजा दी जा सकती है और असहाय व पीड़ितों को न्याय दिलाया जा सकता है।

❑

20

मजबूत स्थानीय प्रशासन

अपने पिछले लेख में मैंने आपको मुजफ्फरनगर (उत्तर प्रदेश) के एक गांव में हुई घटना से अवगत कराया। इस घटना में अभिभावकों ने रिश्तेदारों व पड़ोसियों के साथ मिलकर अपने बच्चों (लड़का व लड़की) की हत्या मात्र इसलिए की थी, क्योंकि वे दोनों अलग–अलग जातियों से संबंध रखने के बावजूद एक–दूसरे से प्रेम करते थे और एक होना चाहते थे। एक ब्राह्मण जाति से था तो दूसरा जाट जाति से, बस यही गुनाह था इन दोनों बच्चों का। इन दोनों बच्चों के अभिभावकों को गिरफ्तार कर लिया गया था, लेकिन इसके बावजूद ये लोग अपने जातिनुसार वैवाहिक व आपराधिक नियमों को विश्लेषित करने में लगे हुए थे। दोनों तरफ के अभिभावकों के मुताबिक मात्र हत्या के द्वारा ही उन दोनों बच्चों से निपटा जा सकता था और दूसरे जो अपनी स्वतंत्रता का नाजायज फायदा उठाते हैं उनके लिए भी केवल यही उपाय है। उनके मुताबिक यह मामला ऐसे युवाओं का है जो पूर्वजों द्वारा बनाए गए सामाजिक नियमों व कानूनों के खिलाफ जाते हैं।

पुलिस सेवा में मेरे द्वारा बिताए तीन दशकों का अनुभव मुझे बताता है कि यदि हमारे पास इस तरह की घटनाओं की पूर्व चेतावनी और उनका पता लगाए जाने की व्यवस्था हो तो ऐसी त्रासदियों को टाला जा सकता है। इस सबके लिए उपक्रमण, कल्पनाशक्ति व क्षेत्रीय कार्यालयों से संपर्क बनाए रखने की अत्यंत आवश्यकता है। जब मुझे पता चला कि मुजफ्फरनगर पुलिस और वहां के जिला प्रशासन ने साथ मिलकर एक 'युवा अधिकार सैल' का गठन किया है तो मुझे हार्दिक खुशी हुई। इस तरह के प्रयास ऐसे किशोरों को जिन्हें सामाजिक नियमों या अन्य मामलों में आत्महत्या या ऐसे ही कठोर व आत्मघाती कदम उठाने के लिए बाधित किया जाता है। उन्हें

एक मध्यस्थ, परामर्शदाता केन्द्र या मित्र प्रदान करता है जो उनकी परिस्थितियों व अधिकार के मुताबिक उनकी मदद करता है। यह सैल इन किशोरों को कानूनी सलाह व सुरक्षा प्रदान करता है जो पारिवारिक विरोध के कारण न्यायालय में विवाह करते हैं। सभी सब–डिवीजनल मैजिस्ट्रेटों को निर्देश दिए जा चुके हैं कि वे युवाओं द्वारा किए गए आवेदनों का शीघ्र निपटान करें।

> सरकारी सेवाएं ! जनकल्याणार्थ किसी भी कार्य को शुरू करने, स्थिरता, विकास और दृढ़िकरण के लिए है, न कि प्रतिष्ठा व ! क्षय के लिए।

आवेदन पत्रों का निपटारा करने की समयावधि एक सप्ताह की है और इस दौरान आवेदकों को पूरी पुलिस सुरक्षा प्रदान की जाएगी। गौरतलब बात यह है कि वहां के न्यायालयों में इससे संबंधित आवेदन आने शुरू हो चुके हैं और आवेदकों को पुलिस सुरक्षा प्रदान करने की कार्यवाही भी शुरू हो चुकी है। इसका अर्थ यह है कि अब इस तरह के मामलों में वैसी त्रासदी टाली जा सकती है जैसी उन दो बच्चों के साथ हुई। इस कार्यवाही का एक प्रभाव यह भी होगा कि लोगों में इस तरह के अमानवीय व्यवहार के प्रति डर रहेगा और उन्हें पता भी रहेगा कि पुलिस ऐसे मामलों में कार्यवाही करेगी ही। इस तरह के प्रयास से लोगों की सोच व उनके व्यवहार में भी धीरे–धीरे बदलाव आएगा। इस समय सबसे अधिक आवश्यकता इस बात की है कि स्थानीय प्रशासनिक अधिकारी गांवों के वृद्ध व वरिष्ठ लोगों तक जाएं और उन्हें समझाएं कि प्रशासन व पुलिस द्वारा इस तरह का हस्तक्षेप क्यों आवश्यक है और यह सब उन्हीं लोगों के हित में है।

मैंने हमेशा यह अनुभव किया है कि पुलिस बल किसी भी समस्या को पूरी व सही तरह से हल करने में कामयाब रहता है। पुलिस का अर्थ केवल बंदी बनाकर जेल भेजना या भीड़ को खदेड़ना ही नहीं है, बल्कि पुलिस वृहद मायनों में संपूर्ण आंतरिक सुरक्षा प्रदान करने वाला सेवा दल है, इसलिए यदि स्थानीय प्रशासन व पंचायत को मुजफ्फरनगर वाली घटना के बाद इस तरह के महत्त्वपूर्ण कदम उठाती है तो ऐसी त्रासदियों से बचा जा सकता है। इस तरह के महत्त्वपूर्ण कदम न केवल सराहनीय हैं, बल्कि इन्हें प्रतियोगितात्मक रूप में बढ़ावा भी दिया जाना चाहिए। वास्तव में इस संबंध में यही अच्छा प्रशासन व पुलिस सेवा है। ऊपर मैंने जो कुछ आपको बताया है उसके विषय में अब प्रश्न उठता है कि स्थानीय प्रशासन इस संबंध में ज्यादा कुछ क्या कर सकता है। मुझे केरल में हुए एक अन्य मामले के विषय में पता चला। केरल में भारतीय प्रशासनिक सेवाएं वहां के मुख्यमंत्री द्वारा निर्देशित की जाती हैं। किस तरह वरिष्ठ

प्रशासनिक अधिकारियों को अपने कर्त्तव्य का निर्वाह करना है और उन्हें किस तरह नीतियां तय करनी चाहिए यह सब मुख्यमंत्री के निर्देशन से ही तय होता है। मुख्यमंत्री ने जिलाधीश को आदेश दिए हैं कि अब से प्रशासन की कार्यकुशलता का निर्णय पांच चुनिंदा क्षेत्रों में उनकी उपलब्धियों पर निर्भर करता है। पहला क्षेत्र राजस्व उगाही का है जिसमें बकाया राशि को खत्म करना भी शामिल है। राष्ट्रीय सेविंग डिपोजिट्स और महत्त्वपूर्ण विकास के क्षेत्रों में संसाधनों की प्रचुरता भी इसी का एक अंग है।

दूसरा स्थानीय स्वायत्त संस्थानों की योजना कार्यवाहियों में समन्वयन, तीसरा अनुसूचित जाति–जनजाति, कबीलाई लोगों और अन्य दलित व कमजोर वर्गों के कल्याणार्थ काम करना, चौथा प्रशासन के आम लोगों के निकट तक जाना और उनकी गरीबी व अन्य समस्याओं का समाधान करना और पांचवां कार्यान्वयन के स्तर पर सरकार की योजनाओं के प्रति लोगों के नजरिए को पूरी तरह पूर्ण निवेशित करना।

सरकारी सेवाएं जनकल्याणार्थ किसी भी कार्य को शुरू करने, स्थिरता, विकास और दृढ़ीकरण के लिए हैं, न कि प्रतिष्ठा व क्षय के लिए। राजनीतिक सत्ताधारी आते हैं और निश्चित समयावधि के बाद चले जाते हैं, लेकिन सरकारी अधिकारियों को हमेशा रहना है, यह बात और है कि उनके विभाग बदल जाते हैं या बदल दिए जाते हैं। जनकल्याणार्थ प्रशासनिक सेवाओं की हर कहीं आवश्यकता है। मुजफ्फरनगर और केरल के उदाहरणों को संपूर्ण देश में दोहराए जाने की आवश्यकता है ताकि आम जनता को अच्छा प्रशासन दिया जा सके व इस तरह की त्रासदियों को टाला जा सके।

❑

21

आतंकवाद के विरुद्ध

यह कहावत काफी प्राचीन समय से हमारी संस्कृति के साथ जुड़ी हुई है कि कभी भी चीते की सवारी नहीं करनी चाहिए और न ही कभी सांप को दूध पिलाना चाहिए। इसके पीछे तर्क यह है कि चीता और सांप कभी भी अपनी फितरत नहीं बदल सकते। यह बात दुनिया के सबसे खूंखार आतंकवादी ओसामा–बिन–लादेन पर लागू होती है, इस अंतर्राष्ट्रीय आतंकवादी ओसामा–बिन–लादेन ने हाल ही में अमरीका में वर्ल्ड ट्रेड सेंटर और अमेरिकी सेना मुख्यालय पैंटागन पर हमला करके जाहिर कर दिया है कि वह अपनी हरकतों से बाज नहीं आएगा।

लगभग एक दशक पहले अमरीका ने ही अफगानिस्तान से रूस को दूर करने के लिए ओसामा–बिन–लादेन की भरपूर मदद की थी। शीतयुद्ध के दौरान अमरीका ने ही अधिक मात्रा में लादेन को धन मुहैया कराया था और आधुनिक तकनीक के हथियार उपलब्ध कराए थे। जब अमरीका ने इराक पर हमला किया, मुख्य वजह थी कुवैत जिससे खाड़ी में युद्ध हुआ।

दूसरी तरफ इस्राइल में अलग ही तरह की समस्या है। लीबिया, पैलेसटाइन के साथ सोवियत संघ और यूगोस्लाविया का टूटना। प्रशिक्षित आतंकवादी अब दूसरी ही तरह की समस्या बन चुके हैं। ये प्रशिक्षित आतंकवादी लोकतंत्र से नफरत करने के साथ इसे पूरी तरह नकारते भी हैं और अपनी दृढ़ता दिखाते हुए हेकड़ी से चुनौती भी देना चाहते हैं।

भारत लगातार खूनी वारदातों और आतंकवाद की भयानक त्रासदी से जूझ रहा है। पंजाब, नार्थ–ईस्ट और कश्मीर में यह खूनी संघर्ष अपनी कभी न भूल पाने वाली याद छोड़ चुका है। भारत बार–बार सीमा पार से हो रही आतंकवादी गतिविधियों की

तरफ पूरे विश्व समुदाय का ध्यान दिलाता रहा है। जब कारगिल युद्ध की सारी बातें पूरे विश्व समुदाय के समक्ष जाहिर हुईं तो भारत ने इस तरह के आतंकवाद पर नियंत्रण की सलाह दी थी।

ऐसे समय में विश्व में किसी भी देश ने पाकिस्तान से यह नहीं कहा कि वह पाकिस्तान के भीतर चल रहे आतंकवादी प्रशिक्षण शिविरों को बंद करे। यद्यपि जब प्रशिक्षण शिविरों के चित्र सभी के सामने जाहिर हो गए तो अन्य देशों ने खुले तौर पर यह कहना भी मुनासिब नहीं समझा कि वह आतंकवादी गतिविधियों पर अंकुश लगाए। उन्होंने यह कहकर अपना पीछा छुड़ा लिया कि यह भारत का आंतरिक मामला है। यहां तक कि आगरा शिखर वार्ता के दौरान भी पाकिस्तानी नेताओं ने कहा था कि कश्मीर के आतंकवादी जेहाद कर रहे हैं।

ऐसे में पूरा विश्व समुदाय यह भी सोच सकता है कि आतंकवादियों का अमरीका पर हमला क्या जेहाद नहीं है? चार हवाई जहाजों का अपहरण करने के बाद वर्ल्ड ट्रेड सेंटर और डिफेंस हैडक्वार्टर से टकरा जाना। वाशिंगटन में जेहाद? 6000 से भी अधिक मासूम लोगों की कुछ खोज खबर नहीं और भी मारे गए हैं, क्या ये सब भी जेहाद है?

लेकिन अब लगता है कि उग्रवाद जेहाद का एक हिस्सा बन चुका है। अमरीका ने खुले तौर पर कह दिया है कि आतंकवादियों का यह खूंखार कारनामा 21वीं सदी का प्रथम युद्ध है और कुछ हफ्तों, दिनों में हम सभी इस युद्ध के गवाह बनेंगे। सारे आतंकवादी समूह इस बात को नकार रहे हैं कि उन्होंने इस तरह का जघन्य अपराध किया है। इस समय अमरीका के साथ–साथ समूचा विश्व इस बात को जाहिराना तौर पर कह रहा है कि आतंकवादियों का यह कृत्य इंसानियत के खिलाफ है। अमरीका में भयंकर कृत्य किया गया। अमरीका में जो कुछ हुआ है और अब वह कुछ करने की फिराक में है। इसके बचाव में शामिल हुआ जा सकता था। यह स्थिति कम चिंताजनक नहीं थी, जब अमरीका के अलावा भी कई अन्य देशों में आतंकवाद अपना सिर उठा रहा था। अमरीका के साथ घटी यह घटना पूरे विश्व समुदाय के एहसास और दर्द के साथ बेहद घोर वेदना का अनुभव कराती है। इसमें सर्वाधिक दुःखदायी पहलू यह है कि समूचा भारत और इसकी निरीह जनता लगभग 20 सालों से ऐसे बुरे दौर से गुजर रही है।

आज हमें सीख लेनी चाहिए कि आतंकवाद भूमंडल में किसी कोने में हो हम उसे दूर करें। आतंकवादियों की गिरफ्तारी से मानवीय समाज की रक्षा के साथ इससे पीड़ित लोगों की रक्षा अवश्य की जा सकती है। जिस देश के कानून कमजोर हो और न्याय व्यवस्था आतंकवादियों के खिलाफ सख्त न हो ऐसे देश निश्चित रूप से

आतंकियों को अपने यहां दावत दे रहे हैं। एक सशक्त देश जिसकी न्याय व्यवस्था भी सशक्त हो खासतौर से आतंकवादियों के खिलाफ, ऐसे देश पूरी तरह तैयार होकर आतंकवाद के खिलाफ लड़ाई में वापसी करने के साथ अपने देश के नागरिकों को सुरक्षा प्रदान कर सकते हैं। भारत को इस समय एक ठोस कानून बनाने की आवश्यकता है जो आतंकवादियों के खिलाफ कारगर साबित हो सके। आतंकवादियों के खिलाफ बनाए जाने वाले कानून में विशेष अदालतों के गठन तथा त्वरित न्याय व्यवस्था और बेहतर इंटैलिजैंस की आवश्यकता पड़ेगी। अमरीका की तरह हमें भी इन स्थितियों से बचने के लिए सोचना होगा। अमरीका एक सशक्त देश है, इसलिए वह स्थिति को संभाल सकता है। लेकिन भारत शायद इस स्थिति में नहीं है।

> ! मानव जाति के लिए आतंकवादी कहीं भी रहे घातक है। !

❑

22

देश की आंतरिक सुरक्षा

भारत के संसद भवन पर 13 दिसम्बर को हुए आतंकवादी हमले ने एक बार फिर देश की आंतरिक सुरक्षा के मुद्दे को गर्मा दिया है। यह घटना साबित करती है कि देश की आंतरिक सुरक्षा हमारी पहली और सबसे बड़ी प्राथमिकता होनी चाहिए। हमारी राष्ट्रीय सुरक्षा प्रणाली यदि एक बार तहस–नहस हो जाती है तो सब कुछ ध्वस्त हो जाएगा। देश का विकास, वृद्धि, गतिविधियां, आवागमन सभी इससे प्रभावित होगा। हर स्तर पर दीर्घकालीन क्षति होगी। व्यापार बंद हो जाएगा और लाखों की संख्या में लोग बेरोजगार हो जाएंगे। 11 सितम्बर को अमरीका पर हुए आतंकवादी हमले से हमें सबक सीखना चाहिए।

वर्ल्ड ट्रेड टॉवर व पैंटागन पर हुए आतंकवादी हमलों के बाद अमरीका को भी ऐसी ही स्थितियों का सामना करना पड़ा। किसी भी क्षेत्र विशेष में हुई क्षति-दूसरे क्षेत्रों को प्रभावित करती है और फिर एक श्रृंखला सी बन जाती है। सचमुच आज संपूर्ण विश्व एक दायरे में सिमट चुका है। शायद आतंकवाद भी। अब ओसामा बिन लादेन द्वारा संचालित अलकायदा का ही उदाहरण लीजिए। इस आतंकवादी संगठन ने यूरोप, अफ्रीका, ऐशिया और अमरीका हर कहीं अपनी जड़ें फैला रखी हैं और हां भारत भी। इन बड़ी आपराधिक घटनाओं पर पुलिस, जिला और यहां तक कि राज्य का नियंत्रण भी नहीं है। स्पष्ट शब्दों में कहें तो ये घटनाएं सभी शक्तियों के क्षेत्राधिकार से बाहर है। वर्तमान समय में भारत में हो रही आपराधिक घटनाएं राष्ट्रीय व अंतर्राष्ट्रीय स्तर की हैं। वास्तव में ये आतंकवादी कार्यवाहियां हैं। भारत में इन आपराधिक व आतंकवादी घटनाओं को सरअंजाम देने वाले आतंकवादी यूएई, मध्य पूर्व और दक्षिण–पश्चिम एशिया से अपनी गतिविधियों को संचालित करते हैं। जम्मू

और कश्मीर में मारे गए ऐसे बहुत से आतंकवादी धनलोलुप प्रवृत्ति के थे, जिन्हें 'डॉग्स ऑफ वार' यानी 'लड़ाकू कुत्ते' भी कहा जाता है। ये अपराधी सिर्फ धन के लिए अपराध करते हैं। इन लोगों को आतंकवादी गतिविधियों के लिए आश्रय व वित्तीय सहायता सभी कुछ मुहैया कराया जाता है। साथ ही इन्हें आधुनिकतम हथियार व गोला–बारूद (इनकी जरूरत से कहीं अधिक) दिया जाता है, ताकि ये अपने उद्देश्य को अमली जामा पहना सकें। इन्हें व्यक्तिगत रूप से प्रशिक्षण दिया जाता है। फिर इनकी जिंदगी का सिर्फ एक ही उद्देश्य होता है–भारत पर आक्रमण और यहां रक्तपात करना। अब प्रश्न उठता है कि ऐसी परिस्थितियों में भारत को क्या करना चाहिए? क्या वर्तमान को इन चुनौतियों का सामना पुरानी व्यवस्था, सुरक्षा के पुख्ता इंतजाम, हथियारों और प्रशिक्षण के द्वारा किया जा सकता है? मेरे विचार से नहीं। जम्मू–कश्मीर विधानसभा व संसद पर हुए आतंकवादी हमलों के मद्देनजर जो महत्त्वपूर्ण सीख हमें मिली है, उसके मुताबिक हमें इस संबंध में कुछ विशेष कार्यवाही करनी होगी, जैसे राष्ट्रीय प्रभुत्व के मुद्दे, कानून–व्यवस्था को सुचारू बनाने व उन्हें क्रियान्वित करने वाली एजेंसियों को मजबूती प्रदान कर और उन्हें उस तरह की व्यवस्था एवं संसाधन उपलब्ध कराना, जिनकी मदद से वे इस तरह के प्रशिक्षित अपराधियों व मशीनरी पर अच्छे से काबू पा सकें।

> ! नि:संदेह राष्ट्र ऐसे पुलिस बल उपलब्ध करा सकता है, उसके लिए हमें अपने निहित स्वार्थ को दूर करना होगा। !

मेरे विचार से इन परिस्थितियों से निपटने हेतु कुछ संभव उपाय ये हो सकते हैं–

* पुलिस के लिए बेहतर कानून (पोटो की तरह), आधुनिकतम हथियार, सुदृढ़ संचार व्यवस्था, प्रशिक्षण, गतिशीलता और शीघ्र अदालती कार्यवाही के लिए विशेष अदालतों का गठन किया जाना चाहिए। ये सभी अत्यंत प्रभावी संसाधन हैं, जिनके बिना आपराधिक व आतंकवादी गतिविधियों को रोकने या उसकी जिम्मेवारी की गारंटी देना संभव नहीं है।

* अन्वेषण विभागों के लिए अलग कानून व आदेशात्मक ड्यूटी का प्रावधान। यह प्रक्रिया अन्वेषण व अभियोजन के प्रति विश्वस्त बनाती है। इसको क्रियान्वित करके हम वरिष्ठ नागरिकों से लेकर आम व्यक्ति तक बेहतर सुरक्षा संसाधन उपलब्ध करा सकते हैं।

* पुलिस नेतृत्व की गैर राजनीतिक तरीकों से नियुक्ति की जानी चाहिए। राष्ट्रीय पुलिस आयोग द्वारा कई बार दरख्वास्त की जा चुकी है, जिस पर अभी तक

गौर नहीं किया है। इस दरख्वास्त के तहत सुझाव दिया गया है कि डायरैक्टर जनरल ऑफ पुलिस (डीजी) व जिला सुपरिंटेंडेंट ऑफ पुलिस की नियुक्ति सुरक्षा आयोग द्वारा की जानी चाहिए, जिसके सदस्यों में गृहमंत्री, विपक्ष का नेता व एक सेवा निवृत्त न्यायाधीश शामिल होने चाहिए। यह प्रायः विश्वास करती है कि पुलिस के महत्त्वपूर्ण पदों की नियुक्तियां मैरिट के आधार पर की गई हैं और इनमें राजनीतिक हस्तक्षेप नहीं हुआ है। पुलिस आयोग की नियुक्ति होने के बाद उसे संकेत दिए गए कि डीजी और पुलिस आयुक्त का कार्यकाल तीन वर्ष की निर्धारित अवधि तक होगा। इस अवधि से पूर्व यदि इन्हें हटाने की बात हो तो सिर्फ उसी सुरक्षा आयोग द्वारा ही उसे अयोग्यता के आधार पर हटाया जाए, जिसने उसे नियुक्त किया था। इस तरह की व्यवस्था आश्वस्त करती है कि पुलिस प्रमुख नियुक्ति के मामले स्थानांतरण, पदोन्नति या गिरफ्तारी तथा अन्वेषण या चार्जशीट्स आदि के मामले राजनीतिक दबाव से मुक्त हैं।

* जिन अधिकारियों के काम का रिकार्ड साफ–सुथरा हो उन्हें एक निश्चित कार्यकाल में पदोन्नति मिलनी चाहिए। उदाहरण के तौर पर मूल रैंक प्रभावित न हो या अपना महत्त्व न खोए। वह पुलिस सेवा से उदासीनता को समाप्त करेगा।

* और अंततः यदि कोई अधिकारी, चाहे वह वरिष्ठ अधिकारी को या ऊपर पद पर आसीन अधिकारी रिश्वत लेते या दुर्व्यवहार करते पाया जाता है तो उसे तुरंत सेवा से निकाल बाहर करना चाहिए। ऐसे लोगों के प्रति दयाभाव दिखाने की आवश्यकता नहीं है, क्योंकि ऐसे लोग स्वयं देश की सुरक्षा के लिए खतरा हैं। यह सेवा देश की रक्षा के लिए है न कि उसे नुकसान पहुंचाने या अपने स्वार्थ सिद्धि के लिए। हममें से बहुत से पुलिस अधिकारी चाहते हैं कि माननीय गृहमंत्री को इस तरह का माहौल बनाना चाहिए, जिससे वरिष्ठ व अनुभवी पुलिस अधिकारियों के साथ विचार–विमर्श व संवाद संभव हो सके। निःसंदेह ये समस्याओं को कहीं बेहतर समझते हैं और उनका समाधान भी जानते हैं। बस आवश्यकता है तो उन्हें मौका देने की, जहां उनके सुझावों को सुना जाए। दुर्भाग्यवश बहुत बार नेतृत्व में बैठे अधिकारी व नेतागण अपने ऊपर अधिकारियों से कुछ भी सुनना पसंद नहीं करते, लेकिन सभी अधिकारियों (अपर व अवर) को ये अवसर दिए जाने चाहिए।

वर्तमान परिस्थितियों में व्यावसायिक रूप से बेहतर सभी संसाधनों से सुसज्जित, प्रशिक्षित व ऐसी परिस्थितियों से टक्कर लेने वाले पुलिस बल की आवश्यकता है। निःसंदेह राष्ट्र ऐसे पुलिस बल को उपलब्ध करा सकता है, लेकिन उसके लिए पहले हमें अपने निहित स्वार्थों को दूर करना होगा।

❑

23

दिल्ली की सुरक्षा

समस्या छोटी हो या बड़ी, यदि समय रहते उसका समाधान न निकाला जाए तो परिणामों की गंभीरता का आकलन कर पाना भी मुश्किल होता है। शुरुआती दौर में ही यदि समस्या का कोई ठोस व स्थायी समाधान निकाल लिया जाए तो समय व श्रम की क्षति के साथ–साथ मानसिक तनाव से भी बचा जा सकता है। अन्यथा छोटी सी समस्या भी धीरे–धीरे विकराल रूप धारण कर लेती है और तब उसे नियंत्रित करने के लिए अतिरिक्त प्रयत्नों की आवश्यकता पड़ती है। कभी–कभी तो परिस्थितियां इतनी गंभीर हो जाती हैं कि उनसे निपटने के लिए युद्ध स्तरीय प्रयास करने पड़ते हैं। इन प्रयासों के तहत होने वाली जान–माल की हानि का अनुमान लगाते हुए भी डर लगता है।

आज आतंकवाद के जिस विकराल दानव से हमारा सामना हो रहा है कभी इसका जन्म भी एक छोटी सी समस्या के रूप में ही हुआ था। शुरूआती दौर में इसे समाज की पीठ पर निकला एक मामूली सा फोड़ा समझ कर नजरअंदाज किया गया, जबकि आज वही मामूली फोड़ा एक ऐसे नासूर का रूप अख्तियार कर चुका है कि वर्तमान दौर की प्रत्येक समस्या आतंकवाद की दहलीज पार करके ही हमारे सामने आ रही है। यदि अपनी स्मृतियों के आइने पर हल्की सी धूल साफ करें तो आपको याद आएगा कि कुछ दशक पहले भी आतंकवाद के विकराल दानव को समाप्त करने के लिए अंततः हमें अपनी थल व वायु सेना का प्रयोग करना पड़ा था। सिख धर्म की आस्था का प्रतीक स्वर्ण मंदिर व प्राकृतिक संपदा से भरपूर मिजोरम में सेना द्वारा चलाए गए ऑपरेशन इस बात का स्पष्ट प्रमाण हैं।

इस सत्य को भुला पाना भी सहज नहीं कि हमारे दो प्रधानमंत्री भी आतंकवाद

के दानव का ग्रास बन चुके हैं। बावजूद इसके हमने इन अनुभवों से कोई सबक नहीं लिया। आज भी भारत में आतंकवाद विरोधी कानूनों का अभाव है। यहां तक कि हमारे पुलिस बल के पास भी आतंकवाद से लड़ने के लिए पर्याप्त अधिकार व संसाधनों की कमी है। आश्चर्यजनक लगता है यह सोचकर कि इतने सालों से हम बिना किसी आतंकविरोधी कानून के ही आतंकवाद को जड़ से समाप्त करने के निष्फल प्रयास कर रहे हैं। यहां तक कि आतंकवादियों पर जल्द व प्रभावी कार्यवाही करने के लिए विशेष अदालतों का अभाव भी गहन चिन्ता का विषय है।

परिणामस्वरूप साधारण मुकदमों की तरह इन मामलों की सुनवाई भी वर्षों तक घिसटती रहती है। भारतीय संविधान तंत्र की इस ढुल–मुल प्रक्रिया का लाभ उठाने से विभिन्न आतंकवादी गुट कभी नहीं चूकते। जैश–ए–मोहम्मद आतंकवादी संगठन के सरगना अजहर मसूद का उदाहरण हमारे सामने है जिसे अब भारत पाकिस्तान से वापस मांग रहा है। वर्षों तक यह खूंखार आतंकवादी मुकदमे के तहत जम्मू–कश्मीर जेल में बंद रहा और अपने स्वतंत्र होने का षड्यंत्र रचता रहा और हम सभी जानते हैं कि किस प्रकार इंडियन एयरलाइंस विमान अपहरण के माध्यम से इसके साथियों ने इसे छुड़वा लिया था। सभी वाकिफ हैं कि अफगानिस्तान व पाकिस्तान से आतंकवादी कार्यवाहियों को संचालित करने वाला अजहर मसूद किस कदर हमारे देश को क्षति पहुंचा रहा है। यदि उस पर चल रही अदालती कार्यवाही शीघ्रता से पूरी कर ली जाती और उसके अपराधों के मुताबिक उसे सजा (मृत्यु दंड) मिलती तो वर्तमान परिस्थितियां निःसंदेह भिन्न होतीं। शायद जम्मू–कश्मीर विधानसभा पर हुआ आतंकवादी हमला व संसद परिसर में हुआ मृत्यु तांडव न हुआ होता। शुरुआती दौर में ही जब समस्याओं का समाधान नहीं किया जाता तो देश को राजनीतिक, सामाजिक, वैधानिक व कूटनीतिक स्तर पर भारी कीमत अदा करनी पड़ती है। आने वाले दिनों में देश की सीमा पर तैनात सेना के जमावड़े का मूल्य भी हमें किसी न किसी रूप में चुकाना पड़ेगा। संतोष की बात यह है कि फरवरी 1999 में महाराष्ट्र में लागू किया गया महाराष्ट्र कंट्रोल ऑफ आर्गेनाइज्ड क्राइम एक्ट (एम. सी. ओ. सी.ए.) अब दिल्ली में भी लागू किया जा चुका है।

महाराष्ट्र में इस कानून के लागू होने पर मुम्बई पुलिस ने संतोष व्यक्त करते हुए कहा था कि अब वह संगठित आपराधिक गुटों की कार्यवाहियों को सफलतापूर्वक नियंत्रित करने में सक्षम है। सत्या फिल्म को याद कीजिए। इस फिल्म में दिखाई गई परिस्थितियां व गैंगवार जैसे सामाजिक कैक्टस अब नहीं पनप सकेंगे। यदि एम. सी.ओ.सी.ए. कानून को लागू करने के साथ–साथ पुलिस उस पर सख्ती से अमल करे, क्योंकि अब खुद को निर्दोष साबित करने से पहले अपराधी को उन्हें अपनी

नाजायज संपत्ति व पास रखे हथियारों का संतोषजनक ब्यौरा देना होगा। साथ ही गुनाह के कुंए से निकला सारा कालां धन जब्त कर लिया जाएगा।

> ! अपनी सुरक्षा से संबंधित किसी भी चुनौती का सामना करने में दिल्ली पूर्णतः सक्षम होगी। !

जमानत मिलने या पुलिस को झांसा देकर फरार हुए अपराधी की अनुपस्थितियों में भी बिना विलम्ब मुकदमे को जारी रखा जाएगा। ऐसे अपराधियों के मामलों की जांच–पड़ताल केवल राजपत्रित अधिकारी द्वारा की जाएगी और उनकी अपराध स्वीकृति उपायुक्त पुलिस (डिप्यूटी कमिश्नर) के पास ही रिकार्ड की जाएगी। अपराधियों की अपराध स्वीकृति के वीडियो व ऑडियो रिकार्ड भी कोर्ट द्वारा मान्य किए जाएंगे। ऐसी परिस्थिति में बयानों में तब्दीली संभव नहीं होगी। तब गवाहों की सुरक्षा का भी पुख्ता इंतजाम होगा। यदि उन्हें धमकाया या डराया जाता है तो उन अपराधियों के खिलाफ यह अतिरिक्त आपराधिक मामला होगा। मुकदमे के दौरान न्यायालय के सम्मुख इन अपराधियों के पूर्व आपराधिक रिकार्ड भी एक दूसरे से संबंधित किए जाएंगे। अपराधियों के टैलीफोन व ई–मेल भी न्यायालय में सबूत के रूप में मान्य होंगे।

इससे पूर्व ये सभी सबूत मान्य नहीं थे और अपराधी इस छूट का पूरा लाभ उठाते थे। एम.सी.ओ. सी.ए. एक्ट में कुछ बचाव पक्ष या सुरक्षा पक्ष भी सम्मिलित हैं। इस कानून के तहत कोई भी मामला अतिरिक्त आयुक्त पुलिस की विशेष अनुमति के बिना रजिस्टर नहीं होगा। अतिरिक्त महानिदेशक पुलिस व दिल्ली में उपराज्यपाल की अनुमति के बिना किसी का टैलीफोन या ई–मेल भी रिकार्ड नहीं किया जाएगा। यदि कोई पुलिस अधिकारी इन नियमों का उल्लंघन करता है तो उसे भी सजा भुगतनी पड़ सकती है। अब इस कानून के क्रियान्वयन के साथ ही दिल्लीवासियों के साथ हम सभी को मिलकर कुशलता, ईमानदारी व प्रभावी ढंग से काम करना होगा।

इस प्रकार भारत की राजधानी दिल्ली एक सुरक्षित शहर का दर्जा पा सकती है। अपनी सुरक्षा से संबंधित किसी भी चुनौती का सामना करने में दिल्ली पूर्णतः सक्षम हो सकेगी, क्योंकि आत्मरक्षा के लिए दिल्ली के पास एक प्रभावी वैधानिक हथियार है।

❑

24

पुलिस के हाथ मत बांधो

मैंने जस्टिस वर्मा द्वारा बुलाए गए संवाददाता सम्मेलन का सीधा प्रसारण देखा था। किसी भी पूर्व मुख्य न्यायाधीश द्वारा अपने विधि ज्ञान, न्यायवेत्ता होने की मानसिकता व सोच का बेझिझक व सार्वजनिक खुलासा एक असमान्य बात थी। इस प्रसारण में एक नई बात यह भी थी कि इसे बिना काट–छांट किए हू–ब–हू प्रसारित किया गया। संवाददाता सम्मेलन में गुजरात में हुए साम्प्रदायिक दंगों व जस्टिस वर्मा का जायजा लेने हेतु गुजरात गमन का मुद्दा छाया हुआ था। जिस चीज ने मुझे टेलीविजन से बांधा हुआ था वह पुलिस अधिकारियों के वैधानिक व संवैधानिक कर्त्तव्यों के प्रति जस्टिस वर्मा की स्पष्ट अभिव्यक्ति थी। वह कर्त्तव्य जिससे प्रत्येक पुलिस अधिकारी हर परिस्थितियों में बंधा होता है। जस्टिस वर्मा के विचार से कानून के तहत किसी भी पुलिस अधिकारी को अपनी कर्त्तव्य परायणता के लिए किसी तरह की अनुमति की आवश्यकता नहीं है। उन्हें तुरंत कार्यवाही करनी चाहिए। ऐसा करना उनकी संवैधानिक ड्यूटी बनती है। इसके बाद उन्होंने उच्चतम न्यायालय द्वारा दिए गए पूर्व निर्णयों से अपनी इस बात की पुष्टि भी की जिनमें इन निर्देशों को स्पष्ट रूप से बार–बार दोहराया गया है। सर्वप्रथम उन्होंने अभिनंदन झा बनाम दिनेश मिश्रा केस में सुप्रीम कोर्ट के दो जजों की खंडपीठ का उदाहरण दिया। इस मामले में जो कुछ न्यायालय ने कहा वह इस प्रकार है–

'हमने पहले भी इस बात को कहा है कि विधि के तहत की गई जांच–पड़ताल विभिन्न दृष्टिकोण व स्थितियों से होकर गुजरती है जो अंततः पुलिस द्वारा बनाए गए इस दृष्टिकोण पर खत्म होती है कि या तो एक मामले में जुटाई गई सामग्री मुकदमे हेतु न्यायाधीश के सम्मुख लाने से पहले या चार्जशीट दायर करने से पहले अभियुक्त

जिस स्थान पर था, उससे संबंधित होती है या फिर अंतिम रिपोर्ट इस आधार पर बनाए गए मत (विचार) की प्रकृति पर आधारित होती है। पुलिस द्वारा इस तरह के मत का निर्माण (जिनका जिक्र इससे पूर्व किया गया है) उस जांच पड़ताल में अंतिम चरण है और किसी भी मामलें में अंतिम निर्णय केवल पुलिस द्वारा ही लिया जाता है न कि किसी अन्य अथॉरिटी द्वारा।'

> ! अगर अपनी ड्यूटी के दौरान इन महिला व पुरुष पुलिस अधिकारियों ने सच्ची कर्त्तव्यपरायणता का उदाहरण पेश किया होता तो बेशक देश को इन पर नाज होता। !

इस बात को बार–बार दोहराना आवश्यक नहीं। इसी तरह के निर्देश विनित नारायण बनाम भारतीय संघ मामले में भी दिए गए। इस संबंध में भारत सरकार ने भी एक विज्ञप्ति (नं. 19/59/70– Poll–1(A) दिनांक 10 जून, 1970) जारी की है। इसके तहत साम्प्रदायिक दंगों व अन्य न्याय व्यवस्था की परिस्थितियों के बीच विभेद को स्पष्ट दर्शाया गया है और साथ ही इस बात पर भी जोर दिया गया है कि साम्प्रदायिक दंगों की भनक पड़ने मात्र पर ही सबसे प्रभावी कार्यवाही की जानी चाहिए। राष्ट्रीय पुलिस आयोग ने अपनी छठी रिपोर्ट में कुछ इस तरह उद्धृत किया है–'हम इस सम्प्रेक्षण में दर्शाए गए विचारों–मतों का पूरी तरह समर्थन करेंगे और दृढ़ता के साथ इस बात की सिफारिश करेंगे कि जो अधिकार प्रदत्त बल साम्प्रदायिक दंगों से निबटने के लिए बनाए गए हैं, वे किसी भी तरह के साम्प्रदायिक दंगों के शुरुआती समय में शिथिल मानदंडों को पाने के लिए हाथ पर हाथ धरे नहीं बैठे रहने चाहिए। इससे वह परिस्थिति और अधिक बिगड़ जाएगी और फिर उसे सामान्य स्थिति में लाना काफी मुश्किल होगा।' इसके आगे इस छठी रिपोर्ट के पैरा 37.34 व 47.35 में आयोग ने कहा है कि हम मानते हैं कि पुलिस व प्रशासन द्वारा किए गए हरसंभव उपायों के बावजूद साम्प्रदायिक दंगे भड़क सकते हैं। पिछले कुछ वर्षों में हुए साम्प्रदायिक दंगों को बढ़ने दिया गया और ये कई दिनों तक यूं ही जारी रहे। इसका एकमात्र कारण था कि प्रशासन समय पर कोई प्रभावी कार्यवाही नहीं कर सका। साम्प्रदायिक दंगे कानून और व्यवस्था के तहत आने वाली अन्य परिस्थितियों से भिन्न हैं, क्योंकि इनकी जड़ में उग्रता व ईर्ष्या बसी होती है। इसके परिणाम अत्यंत भयावह हैं जो न केवल एक समुदाय को प्रभावित करते हैं, बल्कि अन्य क्षेत्र भी इसकी चपेट में आकर प्रभावित होते हैं, इसलिए साम्प्रदायिक दंगों से निबटनेवाली विभिन्न अथोरिटीज को इस भेद को समझना चाहिए व इसके शुरुआती दौर में ही पूरी दृढ़ता का प्रदर्शन करना चाहिए।

हम प्रशासनिक उपक्रमों की आवश्यकता को भी नोट करते हैं। गैर कानूनी या गैर वैधानिक संगठन को तितर–बितर करने के लिए हथियारों का प्रयोग अंतिम विकल्प है और दंगों के शुरुआती समय में कम हानिकारक साधनों जैसे आंसू गैस, लाठीचार्ज आदि का प्रयोग करना चाहिए। हमने ऐसा भी महसूस किया है कि अथोरिटीज उस वक्त तक जब तक परिस्थिति पूरी तरह बेकाबू नहीं हो जाती, हथियारों के प्रयोग से बचती है। गोलीबारी आमतौर पर तभी की जाती है जब कोई बड़ी क्षति हो गई हो और इस तरह की गोलीबारी गुंडे व असामाजिक तत्त्वों पर कोई प्रभाव नहीं डालती। ऐसे लोग, जो जानबूझ कर दंगों को भड़काते हैं, उनके विरुद्ध तुरंत व प्रभावी कार्यवाही की जानी चाहिए। वे अधिकारी जो शुरुआती दौर में ही ऐसी परिस्थितियों को नियंत्रित कर लते हैं, उन्हें सम्मानित किया जाना चाहिए। संबधित अधिकारी या अथोरिटी को इस बात की अनुमति नहीं होनी चाहिए कि दंगे जैसी स्थिति से निपटने के संदर्भ में कोई कार्यवाही नहीं करना बुद्धिमत्ता पूर्ण कार्य है। इसके बजाय प्रशासन के लिए इस आरोप या अभियोजन को स्वीकारना ज्यादा तर्कसंगत है कि उसने स्थिति को सामान्य बनाने के लिए सैन्य बल का अधिकाधिक प्रयोग किया। क्या गोधरा व गुजरात में विभिन्न स्थानों पर हुए साम्प्रदायिक दंगों में पुलिस की प्रतिक्रिया व कार्यवाही पर्याप्त, स्पष्ट व सुदृढ़ थी? अगर ऐसा होता तो गुजरात के वरिष्ठ पुलिस अधिकारियों को वहां के नेताओं के सम्मुख उन्हें निर्णय की स्वतंत्रता देने के लिए निवेदन नहीं करना पड़ता। विश्वसनीय रिपोर्ट के आधार पर मैं यह बात कह सकती हूं। यहां तक कि पुलिस ने राजनीतिज्ञों से राज्य में हिंसा फैलाने वाले व हिंसा को बढ़ावा देने वाले तत्त्वों को आश्रय देना बंद करने के लिए निवेदन किया। इस समस्त परिपेक्ष्य में मेरे दिमाग में एक प्रश्न बार–बार आता है कि यदि पुलिस अधिकारी अपने कर्त्तव्यों व ड्यूटी को बिना डर व पक्षपात के करते तो (गुजरात के लोगों ने भी देखा कि कुछ पुलिस अधिकारियों ने अपनी ड्यूटी को इसी कर्त्तव्यपराणता के साथ किया और लोग इन्हें भली–भांति जानते हैं।) कौन सा परिणाम उन्हें भुगतना होता–शायद स्थानांतरण, लेकिन तब वे सैकड़ों लोगों की जान बचा पाते। तभी अधिकारी लोगों की जान व माल के सच्चे प्रहरी साबित हो पाते। अगर अपनी ड्यूटी के दौरान इन महिला व पुरुष पुलिस अधिकारियों ने सच्ची कर्त्तव्यपरायणता का उदाहरण पेश किया होता तो बेशक देश को इन पर नाज होता।

❑

25

हम दूसरों से अलग हैं

हाल ही में गुजरात में भड़की साम्प्रदायिकता की आग ने एक बार फिर समस्त भारतवासियों को झकझोर कर रख दिया। दिल्ली पुलिस प्रशिक्षण कॉलेज के प्रशिक्षुओं व प्रशिक्षकों के बीच भी यह मुद्दा पिछले दिनों खास चर्चा का विषय रहा। प्रशिक्षण कॉलेज के लाइब्रेरियन श्री बहुगुणा ने इस मुद्दे से संबंधित समस्त सामग्री को प्रशिक्षिण सामग्री के रूप में इंस्पैक्टर ओमप्रकाश के नेतृत्व में बनी प्रशिक्षण संकाय को उपलब्ध कराया। पुलिस प्रशिक्षण कॉलेज में ऐसा नियमित अभ्यास के रूप में होता है। किन्हीं भी कारणों से यदि ऐसी कोई घटना घटती है तो लाइब्रेरी स्टाफ रोजाना इसका पूरा रिकार्ड संकलित करता है और रिसर्च एंड डेवलपमैंट विभाग इसे प्रशिक्षण सामग्री के रूप में प्रयोग करता है। तत्पश्चात यह हर पहलू पर जानकारी व विश्लेषण के लिए एक खास केस स्टडी का रूप ले लेता है। हालांकि दिल्ली प्रशिक्षण कॉलेज का लॉ डिपार्टमेंट संपूर्ण दिल्ली पुलिस फोर्स के फायदे के लिए इस पर पहले से ही एक पाठ्य सामग्री तैयार कर लेता है। इस बार गुजरात के दंगे व वहां फैली साम्प्रदायिकता की आग एक विचारणीय विषय था। इस सामग्री में समाचार पत्रों की रिपोर्ट व विशिष्ट लेख शामिल थे। इसके अतिरिक्त इसमें भारत के पूर्व मुख्य न्यायाधीश व राष्ट्रीय मानव अधिकार आयोग के प्रैसीडैंट चेयरमैन मिस्टर जस्टिस जे.एस. वर्मा द्वारा बुलाई प्रैस कांफ्रैंस के कुछ अंश भी शामिल थे जिसमें जस्टिस वर्मा ने स्पष्ट रूप से कहा था कि 'किसी भी पुलिस अधिकारी को कानून की रक्षार्थ किसी अनुमति की आवश्यकता नहीं है।' पुलिस अधिकारियों की निष्ठा पूरी तरह संविधान व कानून के प्रति होनी चाहिए न कि किसी व्यक्ति विशेष के प्रति। किन्हीं खास परिस्थितियों में तुरंत कार्यवाही नहीं करना अपनी जिम्मेदारी से भागने

व लापरवाही स्वरूप माना जाएगा। इसी प्रैस कांफ्रैंस में जस्टिस वर्मा ने कानून की पुष्टि करते हुए अभिनंदन झा व हवाला मामलों में सुप्रीम कोर्ट के निर्णयों का हवाला भी दिया था। सभी प्रशिक्षुओं ने इन अंशों को विजुअलाइजर्स व प्रोजैक्ट्र्स की मदद से पुनः प्रत्यक्ष रूप से देखा।

इसके बाद इन सभी मुद्दों पर विचार–विमर्श शुरू हुआ। प्रशिक्षुओं से हमारा पहला प्रश्न था कि आप में से कितने लोग रोजाना समाचार पत्र पढ़ते व टेलीविजन न्यूज देखते हैं? उन्होंने कहा कि उनके पुलिस स्टेशन में मात्र एक ही समाचार पत्र आता है और वह भी तुरंत एस.एच.ओ. ऑफिस में भेज दिया जाता है। इसी कारण वे रोजाना समाचार पत्र पढ़ने में असमर्थ हैं। औसतन बात की जाए तो वे सप्ताह में मात्र तीन दिन ही समाचार पत्र पढ़ पाते हैं या फिर हर रोज की तरह वे सभी अपनी–अपनी बीट पर चले जाते हैं। इस तरह समाचार पढ़ना भी उनके लिए समय पर निर्भर करता है और जब हमने टेलीविजन न्यूज देखने के बारे में उनसे पूछा? शायद आपको भी जानकर आश्चर्य हो कि उनमें से एक भी प्रशिक्षु टेलीविजन न्यूज नहीं देखता था। टेलीविजन न्यूज देखने के लिए घर पर होना जरूरी है और उस वक्त वे अपने कार्यस्थल पर होते हैं और वहां भी टेलीविजन नहीं होता, इसलिए वे टेलीविजन न्यूज देखने में असमर्थ हैं।

इसके बाद हमने उनसे कहा कि अब आपने सभी समाचारों को क्रमबद्ध रूप में पढ़ व देख लिया है। इसके बाद क्या आपके विचारों व दृष्टिकोण में किसी भी तरह का कोई बदलाव आया था वह और दृढ़ हुआ? उन्होंने कहा कि इससे पूर्व हम में से कुछ का सोचना था कि गुजरात में हुए दंगे किसी बाहरी प्रभाव (एजैंसी) का परिणाम है, लेकिन हम सोचते हैं कि यह सब हमारी अपनी गलतियों का परिणाम है। हमने कहा किसकी कमियों का परिणाम...? उन्होंने फिर कहा कि पुलिस कर्मियों की कमियों का परिणाम है। हमने कहा यह किस स्तर के पुलिस कर्मियों की कमियां थीं। एक स्वर यह सभी का कहना था कि सभी स्तर के पुलिस कर्मी जिसमें वरिष्ठ पुलिस अधिकारियों से लेकर सिपाही तक सभी शामिल हैं। हमने फिर पूछा, आप ऐसा किस आधार पर कह सकते हैं? उनका कहना था कि जब परिस्थितियां तुरंत कार्यवाही की मांग कर रही थीं, क्यों कुछ पुलिस अधिकारी केवल आदेशों का इंतजार करते रहे और जब उन्हें फील्ड में होना चाहिए था, वे कंट्रोल रूम में बैठे रहे।

हम इस संबंध में उनसे और अधिक गहराई से उनकी प्रतिक्रिया जानना चाहते थे। हमने उनसे अगला प्रश्न किया। यदि दिल्ली में इस तरह की घटना हुई होती तो क्या उन पर परिस्थितियों से निपटने का तरीका कुछ भिन्न होता? और क्या ऐसा होने पर दिल्ली पुलिसकर्मी स्वयं अपने विवेक से कार्यवाही कर चुके होते? उनका

कहना था कि '1984 के दंगों के बाद से साम्प्रदायिक दंगों के प्रति दिल्ली पुलिस की प्रतिक्रिया में असंभावित बदलाव आया है।' इसके बाद उन्होंने एक–एक करके उदाहरण देने शुरू किए कि वे कैसे अपने आपको दूसरों से अलग (विशेष) सोचते हैं। उन्होंने जो कुछ कहा उन्हीं के शब्दों में कुछ इस प्रकार था–

> ! किसी भी पुलिस अधिकारी को कानून की रक्षार्थ किसी अनुमति की आवश्यकता नहीं है। !

- हमारे पास (दिल्ली पुलिस बल में) दूसरों से ज्यादा संसाधन व आधुनिकतम हथियार मौजूद हैं।
- हमारे पास पुख्ता सूचना तंत्र है और हम काफी तीव्रता के साथ साम्प्रदायिक घटनाओं का पता लगा सकते हैं।
- संवेदनशील स्थानों पर पहले से हमारी पुलिस बल की टुकड़ियां चौबीसों घंटे मौजूद रहती हैं।
- ड्यूटी पर जाने से पहले हमारे अधिकारी हमें सब कुछ समझा–बुझा कर भेजते हैं और संकट के समय हमारे साथ रहते हैं। वे भी तुरंत कार्यवाही के पक्षधर हैं और स्वयं व्यक्तिगत रूप से फील्ड में गश्त लगाते हैं।
- हमारी कार्यवाहियों या गतिविधियों में कोई भी बिना औचित्य हस्तक्षेप नहीं करता है और न ही किसी का पक्ष लेने के लिए दबाव डालता है।
- हमारा बल पूरी तरह संगठित है और उसमें कोई भी साम्प्रदायिक भेद नहीं है।
- और हां हमें अच्छी तरह से प्रशिक्षित किया गया है।

दिल्ली पुलिस के सिपाहियों में इस तरह का आत्मविश्वास देखकर हम काफी आश्वस्त हुए कि अपनी सुरक्षा को लेकर दिल्ली कभी भी गुजरात की राह पर नहीं जाएगी और गुजरात के संबंध में उन्होंने साधारण से शब्द में उत्तर दिया–जय हिन्द। ❑

26

पुलिस व गांधीजी

जिन दिनों मैं मीडिया, अखबार की कतरनों, क्विज शो, स्पॉट सर्वे, प्रदर्शनों, सिनेमा हॉल, संपादकीयों व लेखों के माध्यम से गांधी जी का पुनरुत्थान देख रही थी तो मुझे भीतर से प्रेरणा मिली कि महात्मा को पुलिस मुख्यालय में ले जाऊँ, वहाँ भी तो उनकी जरूरत है। मैंने पुलिस चीफ के रूप में गांधीजी की कल्पना की और अपनी कल्पना के घोड़ों को बेलगाम दौड़ने दिया। सच मानिए ये सभी अनुभव काफी आनंददायक, उपचारक व आध्यात्मिक रहे।

चूंकि हर चीफ के साथ कुछ अनुयायी होते हैं इसलिए मैंने अपने–आप को उनका जूनियर मान लिया, जो उनकी हर भूमिका की साक्षी बनी। मेरी आंखों के सामने उनकी कुछ भूमिकाएँ कौंधी: पुलिस सेवा के जूनियरों या आम जनता तक उनकी पहुँच, वी. आई.पी. से व उनकी सैकड़ों अनुशंसाओं से पेश आना अपराध रजिस्ट्रेशन, पूछताछ, सबूत एकत्र करने व सजा देने के विषय में उनके विचार/राजनेताओं, नौकरशाहों, प्रभावशाली लोगों व अपने ही सीनियरों के हस्तक्षेप के विषय में वे क्या सलाह देते? साथ ही लगातार होने वाले तबादलों की हकीकत को भी भुलाया नहीं जा सकता।

वे लोगों के जीवन में नया बदलाव लाना चाहते हैं। सच्चाई व करुणा ही उस प्रमुख की प्रबंधन शैली व दर्शन होते। उनके अभ्यास निम्नलिखित होते:

वे सुबह आठ बजे घर से निकलते और बिना किसी पूर्व सूचना के किसी भी इकाई में यह देखने पहुँच जाते कि लोग समय पर आए हैं या नहीं! यातायात सामान्य रूप से चलता और पुलिस अधिकारी समय पर पहुँचते। वे जिस भी यूनिट में जाते, वहाँ जाते ही आदेश या उपदेश देने की बजाए स्टाफ की बात सुनते। वे सजा देने की बजाए सराहते व इनाम देते। वे अपनी मुस्कान से सारे माहौल को सहज बना देते वे उनसे परिवार व बच्चों के हालचाल पूछते। सब उन्हें प्यार से सलाम करते।

> मेरा पूरा विश्वास! है कि भविष्य गांधीगिरी से संबंध रखता है। बस समय आने की देर है। !

जब भी विवेक के इस्तेमल का प्रश्न पैदा होता तो वे कहते 'करुणा के साथ कानून का पालन करो। केवल न्याय व सत्य का साथ दो। किसी को भी छोड़ो मत लेकिन बदले की भावना भी मन में न लाओ अपनी कैदी की देखरेख करो। वह तुम्हारी देखरेख में है तो ध्यान रखो कि कोई उस पर बल प्रयेाग न करे। पूछताछ व छानबीन के लिए विज्ञान व तकनीक का इस्तेमाल करो–झूठ का साथ मत दो हमेशा सत्य का पालन करो।'

अगर उनसे पूछा जाता कि केवल सत्य का ही पालन करेंगे तो धारणाएँ कैसे सुरक्षित रहेंगी तो वे हँस कर कहते, 'जो आजकल के हालात हैं, सत्य का पालन करने से, उससे बुरे हालात तो नहीं होंगे न! बल्कि इस तरह धीरे–धीरे तुम लोगों का विश्वास जीत लोगे। याद रखो कि तुम सिर्फ छानबीन करने वाले हो, कोई जज नहीं। पूरी सच्चाई से अपना कर्त्तव्य निभाओ तथा ईमानदारी में पूरा विश्वास रखो। रात को सोने से पहले सबके लिए शांति की प्रार्थना करो।'

जब उनसे अवकाश नीतियों के बारे में पूछा जाता तो उन्हें इस बारे में पता होता कि पुलिस अधिकारी कितने लंबे समय तक अपने परिवारों से दूर रहते हैं, वे कहते कि, 'किसी की भी छुट्‌टी नामंजूर न की जाए। जब भी आपको लगे कि छुट्‌टी लेना जरूरी है तो आप छुट्‌टी लें। आप ही ज्यादा बेहतर जानते हैं कि आप कब छुट्‌टी ले सकते हैं या कब छुट्‌टी लेनी चाहिए।'

सिविलयन पुलिस मेल–मुलाकात पर वे कहते तो वे पुलिस को साफ शब्दों में अपनी सलाह देते–

- शांति व सुरक्षा बनाए रखना तुम्हारा पवित्र कर्त्तव्य है। लोगों को अपने साथ शामिल करो। उन्हें बताओ कि किन क्षेत्रों में ज्यादा ध्यान रखने की जरूरत है। सेल्फ–पुलिस के लिए रेजीडेंट वेलफेयर एसोसिएशन व ग्राम पंचायतों की मदद लो। उन्हें प्रशिक्षित करो व सहायता दो। विशेष पुलिस अधिकारियों के रूप में उनका नामांकन करो। नागरिकों को पुलिसिंग व उनके कर्त्तव्यों के बारे में समझा कर ताकतवर बनाओ।

पुलिसिंग मामले में बाहरी दबाव पर वे कहते, "धनी व ताकतवर लोगों के प्रभाव में न आओ। याद रखो कि तुम सबके लिए काम करते हो। यदि फिर भी कोई तुम्हें सताए तो अपने वरिष्ठों को बताओ। यदि वे ध्यान न दें तो अपनी अंतरात्मा के हिसाब से चलो यह तुम्हारा कर्त्तव्य है। याद रखो हम नागरिकों की सुरक्षा के ट्रस्टी हैं यह एक पवित्र कर्त्तव्य है।"

इस आनंददायक, उत्तेंजक व प्रभावशाली कल्पना के बाद मैंने मन ही मन सोचा कि क्या हम कभी गांधी जी को वर्दी में देख पाएँगे? गांधी जी की आत्मा ने कहा, 'हाँ।'

सुप्रीम कोर्ट के 22 सितंबर के फैसले के बाद उन्होंने तय किया कि सभी भावी पुलिस चीफ की चमन यू.पी.एस.सी. के तीन वरिष्ठ पैनल अधिकारियों द्वारा किया जाएगा। सेने पुलिस चीफ निश्चित कार्यकाल पाएँगे। उन्हें सिक्योरिटी कमीशन की सलाह के बिना हटाया नहीं जा सकता। पुलिस कंपलेंट अथॉरिटी बनाई जाएगी जो मानवाधिकारों का हनन करने वालों को छोड़ेगी नहीं। इस तरह नेतृत्व कहीं उत्तरदायी और ताकतवर होगा। सचमुच एक ऐतिहासिक धारणा! जिसकी 20 साल पहले कसम खाई गई थी, वह अब एक हकीकत बन गया है।

मेरा पूरा विश्वास है कि भविष्य गांधीगिरी से संबंध रखता है। बस समय आने की देर है।

❑

27

घर के प्यार का कोई विकल्प नहीं है

मुझे यह पत्र जेल से प्राप्त हुआ था। मैं इस पत्र को पाठकों के साथ बांट रही हूं, क्योंकि इसमें दर्द और सीख है। मैं यहां उस पत्र को लिखने वाले के शब्दों में ही ज्यों का त्यों पेश कर रही हूं।

मैडम जी, प्रणाम, यह मेरा पहला खत है जो मैं आपको लिख रहा हूं। बड़ी मुश्किल से मैं आपका पता खोज पाया हूं। बहुत दिनों से मैं आपका पता ढूंढ रहा था। आपका पता तो क्या, मैं आपका नाम भी किसी से नहीं पूछ सकता था क्योंकि आपके नाम से ही यहां खलबली मच जाती है। मैं आपको अपनी माता की तरह मानता हूं।

मेरी मां मुझे बचपन में ही छोड़कर भगवान के पास चली गई इसलिए मैं आज तक मां का प्यार नहीं पा सका और शायद इस कारागार में मैं बंद भी इसीलिए हूं क्योंकि मैं अपने रास्ते से भटक गया था। जब मैं जेल में बंद हुआ था एक कत्ल के जुर्म में तो मुझे अपने किए पर कोई पछतावा नहीं था।

मैं यही सोचता था कि मैंने जो किया है वह ठीक किया है। एक दिन जब आप सुबह के दौरे पर आईं तो मैं अपनी क्लास में सबसे पीछे अनपढ़ कैदियों की लाइन में बैठा हुआ था, जबकि मैं 10वीं पास था। आपने मुझसे पूछा कि बेटा कितना पढ़े हो, मैंने कहा कि मैं अनपढ़ हूं। आपने मेरे सिर पर हाथ रखकर कहा कि अब आपको यहां से पढ़कर निकलना है। मैंने हां में केवल सिर हिलाया था। इतना कहकर आप चली गईं। मगर आपका एक–एक शब्द मेरे कानों में गूंजता रहा। आपका अपनापन और निःस्वार्थ सेवा भाव मुझे धिक्कारता रहा कि क्या मैंने जो किया ठीक किया।

एक स्त्री जिसे हम लोग अपने से कम शक्तिशाली समझते हैं वह आज कोई रिश्ता हमसे न होने पर भी लोगों को अच्छा जीवन देने का प्रयास कर रही है। क्या मैं उसके मुकाबले एक काम भी नहीं कर सकता। तभी से मैंने आपकी एक–एक बात पर गौर करना शुरू किया। आपके एक–एक सुझाव पर मैंने सोचा और उसे अमल में लाने की कोशिश करने लगा।

मैंने 12वीं कक्षा में दाखिला लिया और पास किया। फिर बी.ए. में दाखिला लिया जो मैंने पास कर ली है। डिग्री मिलने ही वाली है, और टाइप भी सीखकर मैं जेल के ही ऑफिस में काम कर रहा हूं। मुझे अब भी आपकी एक–एक बात याद है। मैं सदैव भगवान से प्रार्थना करता हूं कि अगर मैं दुबारा जन्म लूं तो आप ही मेरी मां बनें। मैंने आज हर बुरे रास्ते से अपना ध्यान हटा लिया है। बुरे लोगों से मिलना–जुलना भी बंद कर दिया है।

आपका जब यहां से तबादला हुआ शायद उससे बड़ा मनहूस दिन मेरे लिए कभी नहीं आएगा। आपने जेल में बंदियों को उनके अधिकारों के बारे में बताया। कोई माने या न माने आपने जेल को आश्रम के रूप में ढाला है। आपने जितना कर दिया था उतना ही है उससे ज्यादा कुछ नहीं हुआ है यहां पर, और शायद न ही कभी होगा। मुझे उम्रकैद की सजा हो गई है। मैं अपने घर में अकेला हूं। मगर मेरे घरवाले खुश हैं, क्योंकि मैं बुरी संगत से निकल आया हूं। मगर जीवन में कुछ घटनाएं ऐसी घट जाती हैं जिन्हें भूल पाना आसान नहीं होता है। अगर मैं यहां से बाहर निकला तो मैं चाहूंगा कि मैं सबसे पहले आपके चरण छूकर आपका आशीर्वाद लूं और अपनी एक नई जिन्दगी शुरू करूं।

प्यार शायद हर किसी की किस्मत में नहीं होता है इसलिए घर में पूरा प्यार न मिलने के कारण मैं भटक गया था। मैडम जी मेरा खत एक कैदी का खत मत समझना। यह खत एक बेटा अपनी मां को लिख रहा है। मैं आपकी तरफ से जवाब की उम्मीद करता हूं।

खत का जवाब अंग्रेजी में देना क्योंकि यहां पर अन्य लोग भी खत को पढ़ लेते हैं।

इस पत्र से बहुत सारे सबक मिलते हैं। सबसे पहले तो यह कि घर के प्यार का कोई विकल्प नहीं है। हर परिवार को समझना चाहिए, और हर बच्चे को भी। कई बार घर में प्यार होते हुए भी वह बाहर प्यार ढूंढने लगते हैं। इससे एक और बात स्पष्ट होती है, वह यह कि अगर हम सरकारी लोग अपना

काम, तन और मन से करें, तो न मालूम कितने लोगों को बदल दें... जिसका परिणाम अंततः समाज में सुख और शांति का प्रसार ही होगा।

> ! दुःख यह कि हम पारिवारिक और बाहरी कर्त्तव्य के विपरीत कार्य करते हैं... जिसकी वजह से सभी दुःख भोगते हैं। !

दुःख यह है कि हम इसके विपरीत करते हैं... दोनों जगह, घर और काम–काज में परिवार के प्रेम में, और अपने बाहरी कर्त्तव्य में... जिसकी वजह से सभी दुःख भोगते हैं। हम इसको बदल सकते हैं... अगर समझें... और चाहें तो...।

❑

28

गुरप्रीत व सरदार पटेल

होशियारपुर की एस.एस.पी. सुश्री गुरप्रीत ने समुदायिक पुलिसिंग के क्षेत्र में जो पहल की है, उससे मुझे बहुत प्रसन्नता हुई। श्री अनिल कौशिक, एडीशनल डायरेक्टर जनरल लोकपाल ने भी उनकी काफी तारीफ की है। मुझे यह जानकर भी बड़ी प्रसन्नता मिली कि गुरप्रीत को अपनी इस सोच के लिए अपने वरिष्ठों का समर्थन व पहचान भी मिली है। उनके द्वारा उठाए गए कदम न सिर्फ पंजाब पुलिस बल्कि देश के दूसरे राज्यों के लिए भी कारगर हो सकते हैं।

मेरा मानना है कि इस प्रगतिशील सोच के पीछे एक पूरा आंदोलन काम कर रहा है वरना ऐसे प्रयास कभी फलीभूत नहीं हो पाते। 'संपूर्ण' शब्द पर ध्यान दें। ऐसा नहीं कि ऐसी पहल, पहले समय में नहीं हुई। इन सबकी संपूर्णता और पहुँच में ही सबसे बड़ा अंतर है।

गुरप्रीत के कार्यक्रम सब तक पहुँचे। उन्होंने समाज के उन सभी वर्गों का स्वागत किया, जिनके लिए पुलिस पहली या आखिरी पहुँच होती है। जैसे–वरिष्ठ नागरिक, महिलाएँ, मादक पदार्थों का सेवन करने वाले, दुर्घटनाओं के शिकार, यात्री, शिकायत करने वाले और बच्चे! वे लोगों को पुलिस से उनका हक माँगना सिखा रही है। जैसे कि एफ.आई.आर. से जुड़ी जानकारी! इस तरह वे लोगों को भी पुलिसिंग में साझेदार बना रही हैं। मैं इसे 'सामूहिक सामुदायिक पुलिस' के रूप में देखती हूँ।

उन्होंने सही मायने में होशियारपुर के नागरिकों को 'सूचना का अधिकार' दिया है। मिशन का सूत्रवाक्य है 'कुछ भी पूछें'। यह कोई मजाक नहीं, सच्ची बात है।

जब मैंने उनकी इस पहल के बारे में पढ़ा तो मेरे मन में कई सवाल उठ खड़े हुए। हमारे पास ऐसी और 'संपूर्ण पहल' क्यों नहीं है? ये सब पहले क्यों नहीं था?

गुरप्रीत के पूर्वज क्या कर रहे थे? पिछले वरिष्ठों ने यह नीतियाँ क्यों नहीं अपनाईं? इस बात की क्या गारंटी है कि हम गुरप्रीत के काम को कहाँ तक आगे बढ़ा पाएँगे? हम उस ईर्ष्या से कैसे बचाव करेंगे, जो उन्हें व उनके कार्यक्रमों को नुकसान पहुँचा सकती है? हम ऐसे हालात कैसे पैदा करें, जिससे समाज के बाकी लोग भी ऐसे कार्यक्रम चला सकें।

> ! जहां कार्य करने की जरूरत है वहां प्रतीक्षा न करें। !

जब मैंने गुरप्रीत के बारे में पढ़ा तो यही सवाल अपना जवाब माँगने लगे। सबसे खास बात यह है कि हमें और गुरप्रीत चाहिए और वे हमारे पास हैं भी। गुरप्रीत कई मायनों में महिला पुलिस अधिकारी व दूसरी महिलाओं के लिए मिसाल बन गई हैं, लेकिन एक बात है कि जो उन्होंने किया, वह हम सब क्यों नहीं कर सकते? हमारे पास भी तो उनके जैसा एक हृदय है, जो धड़कता है। हमें भी अपने दिल को दूसरों के लिए धड़काना सीखना होगा। ऐसा करते ही हममें भी गुरप्रीत जैसी योग्यता आ जाएगी।

आइए, अब बचाव व प्रचार की बात करें। हमें इसे पूरे पंजाब में लागू करना चाहिए। इसके नतीजों व साधनों के सभी दस्तावेज बनाने चाहिए। विश्वविद्यालय इसे शोध का विषय बना सकते हैं। तब इसे, आज से कुछ माह बाद वार्षिक डी.जी.पी. कांफ्रेंस में, डायरेक्टर जनरल ऑफ स्टेट पुलिस द्वारा प्रदर्शित किया जा सकता है ताकि इसे अपनाने के इच्छुक लोग विचार–विमर्श कर सकें।

केवल भारत की गुरप्रीत ही नहीं बल्कि देश के सरदार पटेलों को भी सामुदायिक पुल्लिंग में हिस्सेदारी देनी होगी लेकिन इसके लिए गुरप्रीत को किसी का इंतजार करने की जरूरत नहीं है क्योंकि उसके सामने उसका कर्त्तव्य खड़ा है, जिसे उन्हें पूरा करना है।

❑

29

हमारा नजरिया

जब भी मैं विदेश यात्रा करती हूँ तो उसके मुकाबले मुझे अपना देश बेहतर लगने लगता है। पिछले कुछ वर्षों में यह प्रवृत्ति काफी मजबूत हुई है। मेरा मानना है, कि हममें से जिन लोगों को ऐसी यात्रा का मौका नहीं मिला होगा उनका नजरिया हमसे कुछ अलग होगा।

मैंने अपनी विदेश यात्रा व लोगों से हुई मुलाकातों के दौरान जाना कि वे कैसी अपनी प्रतिक्रियाएँ देते हैं और इसी आधार पर मैंने अपने निष्कर्ष निकाले।

मैं आपको ऐसी ही एक घटना बताना चाहूँगी–

हमें हमेशा दूसरी ओर हरियाली दिखाई देती है। चाहे यू.के., यू.एस.ए. हो या कनाडा– मैंने हमेशा यह बात नोट की है। मैं इसे स्पष्ट रूप से बताना चाहूँगी।

उड़ान के दौरान, एक भारतीय महिला ने मुझे अपना अनुभव सुनाया, जो उसके साथ यूरोप के एक रेस्तरां में हुआ था। वे भारत की सार्वजनिक क्षेत्र कंपनी में वरिष्ठ अधिकारी हैं। उन्होंने मुझे बताया कि वे अपने दोस्त के साथ एक रेस्तरां में जलपान ले रही थीं, तभी एक व्यक्ति ने उनसे आकर पूछा कि क्या वह अगली मेज पर बैठ सकता है। महिला को थोड़ी हैरानी भी हुई क्योंकि यह पूछने लायक बात नहीं थी। वह व्यक्ति बिना पूछे भी वहाँ बैठ सकता था। वह आदमी एक मेज पर बैठ गया और अपने चारों ओर कुछ नैपकिन बिखेर दिए। थोड़ी देर बाद, वह वहाँ से चला गया। कुछ ही देर में महिला को पता चला कि उनके पासपोर्ट के कागज और रुपयों से भरा बैग गायब था। किसी ने उसे चुरा लिया था। शायद वह उन्हीं का साथी था। उसने ध्यान बंटाया और दूसरे लोगों ने चोरी की। रेस्तरां के स्टाफ ने कहा कि वे कुछ नहीं कर सकते। उन्होंने ज्यादा ध्यान नहीं दिया। तभी वहाँ बैठे एक व्यक्ति

ने कहा कि वहाँ क्लोज सर्किट टी.वी. लगे हैं, मैनेजर की मदद से चोर पहचाना जा सकता है। महिला ने ऐसा ही किया लेकिन वे नहीं मिले। वहाँ मौजदू लोगों ने भी अपनी असमर्थता जताई।

> कार्य अकुशलता सर्वत्र व्याप्त है चाहे वह पूर्वी देश हो या पश्चिमी।

फिर उस महिला ने रेस्तरां के बाहर जाकर पुलिस को फोन किया। वहाँ पुलिस आई। उन्होंने पूरे ध्यान से शिकायत सुनी। वे लगातार पुलिस की तारीफ करती रहीं, जब तक कि मैंने उनसे कुछ सवाल नहीं पूछे। मैंने पूछा–'क्या पुलिस ने मैनेजर से अपराधियों की तलाश के लिए कुछ नहीं कहा? क्या उन्होंने टेप नहीं छीनी?' उन्होंने कहा–'नहीं'। फिर मैंने पूछा कि पुलिस ने क्या कहा–पुलिस ने कहा कि रेस्तरां " 'मैक्डोनौल्ड' बहुत बड़ी कंपनी है इसलिए वे खास कुछ नहीं कर सकते।" फिर वे बोलीं–'वे काफी भले थे। उन्होंने मुझे मेरी शिकायत की रसीद भी भेजी और कहा कि वे मामले की छानबीन कर रहे हैं।'

मैंने सोचा कि क्या मजाक है। फिर मैंने पूछा–'क्या वे नहीं जानते थे कि आप शीघ्र ही यात्रा करने वाली हैं?' उन्होंने कहा–'जी हाँ।'

फिर मैंने पूछा–"फिर तो आपको वह फुटेज नहीं दिखानी चाहिए थी, जिससे अपराधियों की तलाश में मदद मिल सके?" उन्होंने कहा कि वे तो इस प्रक्रिया के बारे में नहीं जानतीं। बाद में उन्हें उनके दोस्तों ने बताया कि यहाँ ऐसी चोरियाँ होती रहती हैं। कैमरे किसी काम के नहीं हैं, वे तो सिर्फ शो–पीस हैं।

मैं यहाँ विदेशी पुलिस के बारे में कुछ नहीं कहने जा रही। मैं तो कहना चाहूँगी की अक्षमता, असंवेदनशीलता व अमीरों की धांधलेबाजी हर जगह चलती है। पूर्व हो या पश्चिम, सब कुछ हमारी सोच पर टिका है।

❑

30

अंधेरे से प्रकाश की ओर

जब मैं पुलिस ट्रेनिंग में शामिल हुई तो मैंने पाया कि कैदियों और पुलिस अधिकारियों में कोई फर्क नहीं होता। वे दोनों अपनी–अपनी बनाई दुनिया में कैद थे और दोनों ही आजादी चाहते थे। तभी पुलिस प्रशिक्षण में विपश्यना को शामिल किया गया। पहले ही कोर्स के बेहतर नतीजे सामने आए। हमें अपनी ही कमियों का अंदाजा हो चुका था और अब हम अपने छात्रों को यही अनुभव देना चाहते थे।

यह 1999 में, जनवरी के शुरुआती दिन थे। दस दिन के गहरे ध्यान के बाद, उन्होंने अपनी चुप्पी तोड़ी तो कुछ परिपक्व विचार सामने आए। चूंकि मैंने उन्हें व्यक्तिगत रूप से सुना था इसलिए मैं कह सकती हूँ कि उन्होंने विपश्यना पद्धति को बहुत बारीकी से समझा था। ऐसा लगता था कि उन्होंने दस दिन में ही सालों की बुद्धिमता पा ली। उन्हें सुनने व उनकी प्रगति देखने के बाद मुझे एहसास हुआ कि मैं एक उल्लेखनीय घटना की साक्षी रही।

कोर्स के बाद, 2500 प्रशिक्षुओं व स्टाफ तथा दिल्ली पुलिस कमिश्नर श्री अजय राज शर्मा के सामने कुछ लोगों ने जो अनुभव रखे, उनमें से कुछ आपको बताना चाहूँगी।

'ध्यान के दौरान ही मैंने महसूस किया कि किस तरह मेरा मस्तिष्क अतीत या भविष्य में चक्कर काटता रहता था। केवल अभ्यास के बल पर ही मैं अपने मस्तिष्क को एकाग्र कर सकता था।' मैं राजस्थान के एक छोटे से गाँव से हूँ। मुझे शहरी चकाचौंध बेहद प्रभावित करती थी लेकिन इस कोर्स के बाद मेरा मन शांत हो गया और मुझे अपनी हकीकत का एहसास हो गया।'

'कांस्टेबल रिक्रूट सुरिंद्र यादव'

> जब आप ! ड्यूटी पर हैं तो स्वयं को प्रकाश समझें इसलिए अंधेरे से बिल्कुल ! न डरें।

'मैं बहुत गुस्सैल और बेचैन किस्म के लोगों में से थी लेकिन अब मेरा अपने ऊपर पूरा नियंत्रण है। मुझे धर्म का सच्चा अर्थ समझ आ गया है। यह उस सर्वव्यापक प्रेम से संबंध रखता है जो किस तरह के प्रांतवाद से ऊपर है।'

कांस्टेबल रिक्रूट रेखा वर्मा

'एक बार विपश्यना तकनीक को समझने के बाद, मैंने अपनी बुरी आदतों को बदलने के लिए इसका इस्तेमाल शुरू किया। मैंने अपने टीचर के मार्गदर्शन में नाखून काटने की आदत से छुटकारा पाया। मैंने सीख लिया कि ऐसी बुरी आदतें नकारात्मक प्रतिक्रियाओं के दोहराव से होती हैं। अब मैं दूसरों की मदद करने की स्थिति में हूँ।'

कांस्टेबल रिक्रूट सुदर्शन

'चूंकि मैं दिल्ली का निवासी हूँ इसलिए कह सकता हूँ कि दिल्ली पुलिस का स्टाफ जिस तरह से काम करता है, वह तरीका विपश्यना तकनीक से बिल्कुल अलग है। वे पहले अपराध होने देते हैं और फिर प्रतिक्रिया देते हैं। यदि वे बचाव का काम करते हैं तो इसका मतलब एक्शन से होता है। विपश्यना हमें प्रतिक्रिया देने की बजाए काम करना सिखाता है।'

कांस्टेबल रिक्रूट सतीश कुमार

'मैंने इस कोर्स से आभार मानना सीखा। पुलिस अधिकारी होने के नाते हमें खुशी–खुशी काम पर जाना चाहिए ताकि हम लोगों की बेहतर सेवा कर सकें।'

असिस्टेंट सब–इंस्पैक्टर सुमन

पुलिस ट्रेनिंग कॉलेज के उपाध्यक्ष श्री अख्तर अली फारुखी ने छात्रों से कहा–'काम के समय जब भी कोई संशय सामने आए तो याद रखें कि आप प्रकाश हैं, जो अंधेरे को दूर भगा सकता है। वहाँ उपस्थित आई.पी.एस. अधिकारी ने भी माना कि 'नेशनल पुलिस अकादमी' में आई.पी.एस. अधिकारियों के लिए ऐसे कार्यक्रम काफी फायदेमंद रहेंगे।

मैं उनसे पूरी तरह सहमत नहीं हो सकी। अगर हम ऊपर से शुरुआत करें तो पूरे संगठन को लाभ होता है। जब तक हम उसके घटने की प्रतीक्षा करें, हम अपने राष्ट्र व सर्विस की बुनियाद मजबूत करने की प्रक्रिया शुरू कर सकते हैं। ❑

31

अभी देर नहीं हुई

बड़ी हैरानी और सोच–विचार की बात है कि हम पूरी तरह तैयारी किए बिना और अधूरे प्रदर्शन के साथ इतनी बड़ी जिम्मेवारियाँ उठाते हैं। दरअसल, यह सीधा–सादा लापरवाही का मामला है। यदि कोई कुछ न जानते हुए गलती करे तो वह अज्ञान कहलाता है लेकिन जानबूझ कर की गई गलती लापरवाही कहलाती है।

मैं सीनियर पुलिस अधिकारियों के विशेष कोर्स में लिखी फीडबैक के, निरीक्षण के आधार पर ही ऐसा कर रही हूँ। प्रशिक्षक एन.आई.एस. स्पार्टा समूह के व्यवसायी थे।

हमारे यहाँ, पुलिस प्रशिक्षण में, प्रशिक्षकों के लिए भी समय–समय पर कोर्स होते हैं, क्योंकि जब तक हमारे रवैए को परख कर, सुधारा नहीं जाएगा, केवल भाषण देने से कोई नतीजे नहीं मिलेंगे। हमें उत्सुक शिक्षक बनना होगा। सवाल पैदा होता है कि हम इस इच्छा को कैसे पैदा करें, जबकि यह तो अपने भीतर से पैदा होती है। यह कुछ–कुछ पानी की प्यास की तरह है। हम यह प्यास कैसे पैदा कर सकते हैं? हम उन लोगों तक कैसे पहुँचेंगे जो सचमुच प्यासा होना चाहेंगे? दूसरे शब्दों में, हम अपने–आप को भीतर तक कैसे संबोधित करेंगे? इसके अलावा ये सब सीनियर पुलिस अधिकारी हैं, जिन्होंने अपने लंबे सेवाकाल में सार्वजनिक जीवन की कठोर हकीकतों को बड़े गौर से देखा है। अपने वरिष्ठों से मिले बर्ताव को ज्यों का त्यों लोगों तक पहुँचाया है। इसके अलावा उन सबकी अपनी आदतें, मानसिकता, अहंकार व जीवनशैलियाँ हैं और इनमें बदलाव लाने से उन्हें कोई तरक्की या फिर अपनी मर्जी का पद तक नहीं मिलने वाला।

फिर भी हमने आगे बढ़ने का फैसला किया। मैं वो समय याद करती हूँ, जब हमने अपना पहला कोर्स चालू किया। हमने इसकी डिजाइनिंग के लिए एन.आई.एस. स्पार्टा को चुना। हमने आवेदकों को बुलवाया। वे लोग थोड़े संदेह में थे। रवैयों पर पुलिस कोर्स से क्या फायदा होने वाला है? फिर वही समारोह? नीरस भाषण? वरिष्ठों से मिले उपदेश? लेकिन यह सब कुछ नए सिरे से सामने आया। इस प्रशिक्षण से स्व–मूल्यांकन पर काफी अच्छी जानकारी मिली। संप्रेषण और सुनने के कौशलों में निखार आया और परस्पर एक–दूसरे को जानने–समझने का रवैया भी बदला।

> ! जहां है वहीं से शुरूआत करें और परिवर्तन देखें। !

- उन्होंने अपना ही मूल्यांकन किया
- दूसरों के संबंध में अपने रवैए को पहचाना
- अपने संप्रेषण, भावों, भय, संदेह व असुरक्षा को संभालना सीखा
- एक–दूसरे को समझने की क्षमता में सुधार
- उनके संबंध
- एक–दूसरे के साथ बेहतर सहयोग
- निजी मांगे पूरी करने के साधन
- उनके अपने सकारात्मक व नकारात्मक रवैए
- सृजनशील समस्या–समाधान

इसके साथ ही पुलिस अधिकारियों को प्रशिक्षण भी दिया गया, जिससे उन्हें सपफलता मिली व भाव प्रकट करने के कौशल में निखार आया। उन्हें अपनी प्रेजेंटेशन बनाने व किसी एक विषय को चुनकर, उस पर बोलने का प्रशिक्षण भी दिया गया। सभी लोग एक टीम के रूप में पर्वतारोहण के लिए गए। उन्होंने कैंप फायर किया, एक साथ खाना खाया, नाचे–गाए। उन्होंने अपने मूल्यों व संघर्ष समाधान पर काम किया।

मैंने उन अधिकारियों से फीडबैक ली, जो पहले इस स्तर के कोर्सों में शामिल थे और अब इस कोर्स में हिस्सा लिया था। यह सब काफी प्रोत्साहनपूर्ण रहा, मुझे लगा कि इन अनुभवों को उन सबके साथ बाँटना चाहिए, जो इनसे प्रेरणा ले सकते हैं।

मैंने कुछ लोगों से एक ही सवाल पूछा, जिसके उत्तरों के कुछ अंश आपके लिए प्रस्तुत हैं। मैंने पूछा–

'इस कोर्स के बाद आपने कैसा बदलाव महसूस किया?'

मैं आपसे दो फीडबैक बाँटना चाहूँगीः–

अ) जब मैं सारे दिन के काम के बाद थका हारा घर लौटता, तो बाहर जाने के नाम पर, बीवी से तगड़ी बहस हो जाती, मैं घर में आराम करना चाहता था जबकि वह घूमने जाना चाहती थी लेकिन इस कोर्स के बाद, मैंने अपनी 'व्यस्क अवस्था' का प्रयोग करना शुरू किया। मैं उससे नाराज नहीं हुआ। मैंने उसे समझाते हुए कहा–'मैं वादा करता हूँ कि कल हम जरूर जाएँगे।' उसने मुझ पर यकीन नहीं किया लेकिन मैंने अगले दिन अपना वादा पूरा किया। फिर मैंने उसे प्यार से समझाया कि इस समय उसकी 'बाल बुद्धि' है और मैं 'परिपक्वावस्था' में हूँ। अगर हम दोनों एक–दूसरे को समझने लगें तो हमारे बीच कभी झगड़ा न हो। उसने पूछा कि मैंने यह सब कहाँ से सीखा तो मैंने उसे बताया कि 'एडवैंचर इन एटीट्यूड कोर्स' तब से हम दोनों के बीच झगड़ा नहीं हुआ और यह तरीका काफी कारगर रहा।

मैडम! मुझे याद है कि मैंने अपने बेटे के दाखिले के लिए आपसे सिफारशी खत लिया था। वह खत आज भी मेरे पास है। मैंने इसे इस्तेमाल नहीं किया। इस कोर्स के बाद मैंने अपने बेटे से कहा–'तुम्हारे 95% अंक हैं, तुम मैरिट के आधार पर जाने से क्यों डरते हो? पूरे विश्वास के साथ आगे बढ़ो– फिर देखें क्या होता है।' मैडम! इसके बाद मेरे बेटे ने हमेशा टॉप किया। अब वह कक्षा में प्रथम आता है और कक्षा का मॉनीटर है। मैं आपको इस कोर्स के लिए धन्यवाद देती हूँ। मुझे बहुत आत्मविश्वास मिला। मैंने उससे कहा–'क्या तुम्हें एहसास है कि तुमने अपने बेटे को पूरी जिंदगी के लिए कितना अच्छा सबक दिया है। पता है, तुम माँ होने के नाते बेटे को आत्मविश्वास की कमी दे रही थीं, तुमने बहुत सही कदम उठाकर बेटे की जिंदगी बना दी।' उसने कहा–'जी, आप बिल्कुल ठीक कह रही हैं।'

बाकी फीडबैक भी काफी रोचक रहीं। मैंने उन्हें जितना सुना, मुझे भरोसा होता चला गया कि हम अपने–आपको निखारने–संवारने की बजाए 'सब कुछ जानने', बड़े या व्यस्क होने या वरिष्ठ होने का ढोंग रचते रहते हैं लेकिन अभी भी देर नहीं हुई। किसी भी बात का सही नतीजा सामने आते देर नहीं लगती। सबक यही है कि हम जहाँ हैं, बस वहीं से शुरू कर दें।

❑

32

प्राकृतिक आपदाएं

हम प्राकृतिक आपदाओं के युग में जी रहे हैं। करोड़ों लोग सुनामी, भूकंप, चक्रवात, भू–स्खलन, सूखा, दावाग्नि, बाढ़, बर्ड–फ्लू, सार्स, मैड काऊ रोग व एड्स के शिकार हो रहे हैं।

यही काफी नहीं था, हमने राजधानी में दीवाली से एक शाम पहले सीरियल धमाके सुने, जिसने सैकड़ों लोगों को घायल किया व कई जानें लीं। ये धमाके भी किसी प्राकृतिक आपदा से कम नहीं थे।

मैं यहाँ कहना चाह रही हूँ कि हम सब तेजी से बढ़ती आपदाओं के साक्षी रहे हैं। हालांकि प्राकृतिक आपदा प्रबंधन की अपनी सीमाएँ हैं लेकिन हम ज्यादा बेहतर मानवीय और तकनीकी प्रतिक्रियाएँ पैदा कर सकते हैं।

मुझे याद है, आज से करीब दस साल पहले दिल्ली के एक पुलिस कमिश्नर ने आपदा प्रबंधन के मुद्दे को उठाया था पर हमने इसे गंभीरता से नहीं लिया। हममें से कुछ ने सोचा कि वे हमें समय बरबाद करने को और एक ऐसी कल्पना करने को कह रहे हैं, जो कभी नहीं हो सकती। हमने यहाँ तक सोचा कि शायद उनकी नजरों में हम खाली बैठे हैं, हमारे पास करने के लिए कोई दूसरा काम नहीं है लेकिन अब मुझे एहसास हुआ कि वे अपने समय से आगे थे। हम लोग ही असलियत से अनजान थे।

अब परिदृश्य काफी हद तक बदल चुका है। भारतीय संसद आपदा प्रबंधन एक बिल पास करने जा रही है, जो शीघ्र ही एक एक्ट बनेगा। इससे अच्छे व बढ़िया संसाधन उपलब्ध होंगे लेकिन हमें उन्हें लेने से पहले प्राप्त संसाधनों पर भी एक नजर डाल लेनी चाहिए।

हमारे पास सिविल डिफेंस एक्ट 1968 के दस्तावेज हैं। इसमें उन सभी बातों के बचाव, तैयारी व प्रतिक्रिया के बारे में बताया गया है जो मनुष्य के जीवन व संपत्ति की रक्षा करती है।

मैं कायदे–कानून के तहत आने वाले कुछ राष्ट्रीय प्रोविजन दोहराना चाहूँगी। सिविल डिफेंस का सदस्य बनने के लिए व्यक्ति की आयु कम से कम अठारह वर्ष होनी चाहिए, कम से कम प्राइमरी तक पढ़ाई की हो तथा शारीरिक रूप से फिट हो। एक बार नामांकन होने व बुलावा मिलने के बाद वह 'सरकारी नौकर' हो जाता है। सिविल डिफेंस के वालंटियर को ड्यूटी भत्ता, वर्दी, यंत्र व स्मृति चिह्न दिए जा सकते हैं...

कई राज्यों में अनेक वर्षों से होमगार्ड व सिविल डिफेंस विभाग हैं। हमें इन्हें फिर से ऊर्जान्वित करना होगा, पर्याप्त संसाधन देकर नियम बनाने होंगे तथा आपदा प्रबंधन को ही प्रशिक्षण का केंद्र बिंदु बनाना होगा।

यह एक अच्छा प्रश्न हो सकता है कि हम सिविल डिफेंस को सिविल डिफेंस समुदाय का राष्ट्रीय आंदोलन क्यों नहीं बनाते? नेशनल कैडेट क्रॉप (NCC) व नेशनल सर्विस स्कीम (NSS) पर कुछ पंक्तियाँ। जब वे अपने कॉलेज से निकलते हैं तो हम उन्हें सिविल डिफेंस के सदस्य क्यों नहीं बनाते? जबकि राष्ट्र इन छात्रों के प्रशिक्षण में काफी समय लगाता है। बस हमें पूरी उत्सुकता व नियमित नीति अभ्यास की आवश्यकता है।

संसद एक्ट के बनने में समय है लेकिन हममें से कितने लोग जानते हैं कि देश में पहले से 'नेशनल डिसास्टर मैनेजमेंट अथॉरिटी' है। प्रधानमंत्री इसके सभापति, आर्मी स्टाफ के चीफ इसके उपसभापति तथा अन्य विशेषज्ञ सदस्य हैं। हम लोग डायरेक्टोरेट ऑफ होम गार्ड्स और सिविल डिफेंस (मेरी वर्तमान नियुक्ति) में अपने प्रदर्शन के साथ उनके साथ कई उपयोगी वार्तालाप सत्र कर चुके हैं। उन्होंने इस विषय में सिविल डिफेंस व होमगार्ड की शक्तियों को स्पष्ट रूप से पहचाना भी है।

हमारे देश की आबादी एक अरब से भी अधिक है। हालांकि पश्चिमी देश बुढ़ा रहे हैं लेकिन भारत पहले से भी युवा हो रहा है। भारत को पूरी दुनिया में युवा शक्ति के रूप में पहचाना गया है। बस हमें इतना करना है कि इस सामुदायिक ऊर्जा को सकारात्मक व राष्ट्रीय योगदान में व्यय किया जाए। कुछ नया गठित करने की बजाए हमें अपने सिविल डिफेंस ढाँचे को ही मजबूती व ऊर्जा देनी होगी। हम आपदा प्रबंधन प्रशिक्षण में स्कूल–कॉलेज व विश्वविद्यालयों के वरिष्ठ छात्र, शहरों के रेंजीडेंट वेलफेयर एसोसिएशन व बस्तियों के ग्राम प्रधानों को शामिल कर सकते हैं, उन्हें जागरूक कर सकते हैं।

इस समय विभाग में हम तीन प्रमुख कार्यक्रमों के साथ हैं। पहलाः दिल्ली विश्वविद्यालय के छात्रों का प्रशिक्षण! दूसराः 11वीं व 12वीं कक्षाओं की छात्राओं का नामांकन, जिन्हें सेल्फ डिफेंस का प्रशिक्षण दिया गया है। तीसराः दिल्ली की बहुमंजिला द्वारिका शहर के रेजीडेंट वेलफेयर एसोसिएशन के सदस्यों को प्रशिक्षण–दोनों कार्यक्रम कुछ ही दिन में आरंभ होने वाले हैं।

> ! नागरिक प्रतिरक्षा को हम अंतर्राष्ट्रीय आंदोलन क्यों नहीं बना सकते। !

6 दिसंबर, होमगार्ड व सिविल डिफेंस का निर्माण दिवस है। हम 6 दिसंबर को 'कम्यूनिटी मोबलाइजेशन डे' का नाम देकर सामुदायिक शक्ति को पहचान दे सकते हैं। सिविल डिफेंस का एक दिनः राष्ट्र की सेवा में सामुदायिक शक्ति का एक दिनः युवा शक्ति, महिला शक्ति, विशेषज्ञ व्यावसायिक शक्ति, वरिष्ठ जन व शहरी तथा ग्रामीण शक्ति का एक दिन। यह सच्चा आपदा प्रबंधन व बचाव होगा।

चाहे ये आपदा प्राकृतिक हो या फिर मानव जनित!

❑

33

तुम भी बनो आकाश... पर कैसे?

हमने यू.एन. में एक वृत्तचित्र 'यू वी द स्काई' की स्क्रीनिंग की। यू.एन. के मिश्रित दर्शकों ने इसे देखा। यह वृत्तचित्र डॉक्टर लवलीन थाडानी के निर्देशन में इंडियन विजन फाउंडेशन द्वारा प्रस्तुत किया गया। इसमें बताया गया था कि किस तरह मानवीय और संवेदनशील प्रबंधन, उदास व अवसादग्रस्त संस्थानों में सुधार लाकर नई जान फ़ूँक सकता है। यह दिखाता है कि यह नजरिया किस तरह धीरे–धीरे आशा का संचार करता है और किस तरह वही नकारात्मक मानसिकता रचनात्मक रवैए में बदल जाती है।

इस पुनर्जन्म की प्रक्रिया शुरू हो रही है! बदलाव की इस प्रक्रिया को कौन आरंभ करता है? कैसे? किससे? वृत्तचित्र में विशेषज्ञों व सृजनशील व्यक्तियों द्वारा ऐसे ही कुछ प्रश्न उठाए गए। क्या वे ऊँचाई पर बैठे लोग हैं? या वे निचले तबके के लोग हैं? क्या वे राजनीतिज्ञ हैं अथवा प्रशासक? नेतृत्व कौन करता है? और क्यों? क्योंकि हम सही तरह से चल रही संस्थानों से जुड़े व्यक्तियों की सोच में बदलाव लाने की बात कर रहे हैं, इसमें नीति बनाने वाले, कायदे–कानून बनाने वाले और यहाँ तक कि बजट बनाने वालों को भी शामिल किया जा सकता है।

इससे पहले कि मैं प्रश्न–उत्तर सत्र के बारे में बात करूँ, मैं आपको बताना चाहूँगी कि वृत्तचित्र किस विषय पर था। यह वृत्तचित्र सेल्फ पुलिसिंग पर आधारित था। फिर चाहे वे कानून तोड़ने वाले हों या बनाने वाले। यह वृत्तचित्र दिल्ली के पुलिस ट्रेनिंग प्रशिक्षण व जेल की दो सच्ची घटनाओं पर फिल्माया गया था। यह कोई बढ़ा–चढ़ा कर कहने वाली बात नहीं है लेकिन ये दोनों ही संस्थाएँ अपने–अपने

> जीवन-शैली में ! अतिरिक्त परिवर्तन लाना है तो निहित अभ्यास के अलावा व्यावहारिक परिवर्तन ! जरूरी है।

कारणों से अप्रसन्न थीं। ट्रेनिंग प्रशिक्षण के कर्मचारी वहाँ की असंतुष्ट व अधूरी सुविधाओं का सामना न कर पाने की वजह से तनावग्रस्त थे। नाखुश पुलिस अधिकारी हमारे सुरक्षा तंत्र को उतनी मजबूती नहीं दे सकते, जितने हमारे सामुदायिक कल्याण के लिए चाहिए।

जहाँ तक जेल का सवाल है, दुनिया के सभी जेलों के कैदी अवसादग्रस्त ही होते हैं लेकिन इस मुद्दे को इतनी गंभीरता से नहीं लिया जाता और यहीं से समस्या शुरू होती है, इसकी चिंता की जानी चाहिए। अवसादग्रस्त कैदी जब जेल से निकलते हैं तो वे अपना शिकार खोजने लगते हैं, पारिवारिक सदस्यों के साथ घरेलू हिंसा करते हैं और सबको नुकसान पहुँचाते हैं।

वृत्तचित्र में दिखाया गया कि किस तरह दोनों संस्थाओं में, ध्यान विधियों से रवैयों में बदलाव लाया गया, इस बदलाव ने उनके जीवन को नाटकीय रूप से प्रभावित किया। दर्शकों के सामने तथ्य आया कि किस तरह कानून बनाने वाले संवेदनशीलता में फले–फूले और कानून तोड़ने वाले मानवता के साए में पलने–बढ़ने लगे।

प्रश्नोत्तर सत्र के दौरान सामने आए प्रश्न–उत्तर

प्र. बदलाव की पहल कौन करता है?

उ. संस्थागत बदलावों को तेज और मजबूत बनाने के लिए ऊपर से शुरुआत करनी होगी यह राजनीतिक या प्रशासनिक हो सकती है। राजनीतिज्ञ या प्रशासक दोनों ही बदलाव की पहल कर सकते हैं। आमतौर पर वे पहल के लिए एक–दूसरे का इंतजार ही करते रह जाते हैं और राजनीतिज्ञ वोट बैंक तोलते हैं। सच्चाई यही है कि प्रशासक चाहें, तो बदलाव ला सकते हैं या उन्हें ऐसा करने को कहा जाए कैलीफोर्निया सरकार ने अपने एन.जी.ओ. को जेलों में आने का निमंत्राण दिया है ताकि कैदियों की सेवा व देखभाल हो सके। यहाँ प्रशासन को ऐसा करने या फिर ऐसा कदम उठाने को कहा तो गया है।

प्र. उन्होंने तंत्र में बदलाव लाने कैसे शुरू किए?

उ. पहले उन्हें एहसास दिलाया गया कि तंत्र में बदलाव लाने होंगे या नया बदलाव लाने की जरूरत है। इस जानकारी के साथ कि कहीं कुछ कमी है, यां स्थिति में सुधार की सहायता मिल रही है। इसे पाने के लिए यह प्रयोग करने को तैयार होना है कि यह प्रक्रिया कैसे काम आती है या समाधान कैसे काम आते हैं। यहाँ

कुछ नए कानून या आदेश बनाने की जरूरत नहीं बल्कि एक ऐसा माहौल बनाने की जरूरत है, जहाँ लोग प्रयोग करने या कुछ जानने के इच्छुक हों। आप नेतृत्व के इन बदलावों को देख सकते हैं।

प्र. ध्यानपरक अभ्यास आरंभ करने का सबसे सही समय क्या है?

उ. इसे कभी भी, कहीं भी शुरू कर सकते हैं। शुरुआत छोटे स्तर पर भी हो सकती है। धैर्य व संयम बनाए रखें। अपने रोल मॉडल स्वयं बनें यही तो नेतृत्व है।

प्र. पश्चिम में यह कैसे काम करेगा? क्या यह सांस्कृतिक मुद्दा नहीं है?

उ. यह इस बात पर निर्भर करता है कि आप किस पर केंद्रित करना चाहते हैं, अंतर या समानताएँ। अंतर तो कई हैं–भाषा, बोली, रंग व जी.डी.पी. आदि लेकिन मानवीय मस्तिष्क सबके पास एक सा है। यह खून–खराबां, हिंसा व बदला चाहता है लेकिन यह प्रेम व सेवा करता है, देखभाल करता है, माफ करता है और भूलता भी है। रंग चाहे कोई भी हो, त्वचा के भीतर मन तो एक सा है और यही हमारा केंद्र बिंदु है।

पंडित रमजानी तिगुनैत, ब्रूस स्टीवर्ट, जीन सेलमो और मैं, प्रमुख पैनलिस्ट थे। ❑

34

कुछ अमूल्य पाठ

यह लेख भूतपूर्व आई.पी.एस. अधिकारी तथा वर्तमान में इंडियाना विश्वविद्यालय यू.एस.ए. के असिस्टेंट प्रोफेसर के सहयोग से लिखा गया। यह दिल्ली में आयोजित 'ब्यूरो ऑफ पुलिस रिसर्च एंड डेवलेपमेंट' की पहली सभा की भी उपज है।

रचनात्मक व चमकदार आई.पी.एस. अधिकारियों ने उस दिन प्रमाणित कर दिया कि जेनएक्स भारतीय पुलिस को भी देश के कॉरपोरेट जगत या खेल के मैदानों की तरह आगे ले जा रही है। औपनिवेशिक प्रशासन व पुराने कानूनों तथा राजनीतिज्ञों के हस्तक्षेप व सीनियर नौकरशाहों के दबदबे के बावजूद युवा आई.पी.एस. अधिकारी पुलिस विभाग को एक नई दिशा में ले जाने को तैयार हैं। इसमें से अनेक के पास आई.आई.टी. व आई.आई.एम. की डिग्रियाँ मौजूद हैं। वे हाथों में लैपटॉप थामे, भारतीय पुलिस का चेहरा बदल रहे हैं।

ब्यूरो ऑफ पुलिस रिसर्च एंड डेवलपमेंट ने चार दिन के सत्र में अपराधिक न्याय नीतियों में सुधार की संभावनाओं पर विचार किया ताकि भारत को अगली सदी के लिए तैयार किया जा सके। यह सचमुच एक सफल आयोजन रहा। हम सबने देखा कि पहली बार एक युवा अधिकारी ने बंगलौर में ट्रैफिक की दशा सुधारने में कम्प्यूटर की मदद ली तथा 'सेफ स्कूल परियोजना' में अभूतपूर्व सफलता प्राप्त की।

कर्नाटक की ओर से आए एक प्रदर्शन में भौगोलिक जानकारी पद्धति व नक्शों के विषय में एडवांस जानकारी दी गई। अब अपराधों के सही स्थानों की तलाश करके बचाव की रणनीतियाँ तैयार करना संभव है। एक युवा अधिकारी ने 2005 के आंकड़े

इस्तेमाल करने के लिए क्षमा माँगी, जिसने हमें हैरानी में डाल दिया। एक केंद्रीय रिजर्व पुलिस के युवा अधिकारी ने विशाल पुलिस प्रबंधन में इमोशनल इंटेलीजेंस पर बल दिया तो दूसरे कॉलेज ने बताया कि विपश्यना का प्रयोग किस तरह प्रभावशाली रहा।

उन्होंने अध्ययनों से पता चलाया कि पैट्रोलिंग की कमी की वजह से ही अपराध नियंत्रित नहीं हो पाते। ठीक इसी तरह अपराधिक स्थितियों में सशस्त्र पुलिस को ड्यूटी पर रखना केवल एक बैंडएड ही तो है।

वर्षों से सरकार ऑर्डर बनाए रखने के लिए सशस्त्र बटालियन रखती आ रही है लेकिन हमें यह भी जांचना होगा कि क्या यह सिविल पुलिसिंग के लिए सही रणनीति है। हो सकता है कि हम यहाँ सिविल पुलिस को अनदेखा कर रहे हों तथा पैरा मिलिट्री फोर्स की कीमत पर पुलिस स्टेशनों की सेवा कर रहे हों, राज्यों में ऐसा ही हो रहा है।

एक अन्य युवा अधिकारी ने दिखाया कि किस तरह पुलिस की वर्दी, हथियार व बाकी सामान चलन से बाहर हो गया है, यहाँ तक कि इन्हें ड्यूटी के दौरान संभालना एक भार और जिम्मेवारी बन जाते हैं। वर्दी में उसका पैन, कागज व चश्मा तक रखने की जगह नहीं होती। भारी जूते व गलत फिटिंग वाली कैप भी परेशानी का कारण बनती है। आधुनिक वस्त्र जगह में इतने बदलावों के बावजूद पुलिस की वर्दी में कोई बदलाव नहीं आया है। उन्होंने कहा कि हमें केवल वरिष्ठ आई.जी. या डी.आई.जी. को प्रशिक्षण में भेजने के अलावा अपने अधीनस्थ इंस्ट्रक्टरों को भी प्रशिक्षण के लिए भेजना चाहिए।

इसके बाद, वही सीनियर अधिकारी सर्विस के दौरान इतना कठिन अनुशासन क्यों बनाए रखते हैं? अध्ययन कहते हैं कि अनुशासन के नाम नेतृत्व का रूप बदल गया है। नई पीढ़ी अपने वरिष्ठ अधिकारियों से कहीं अधिक पढ़ी–लिखी है। वे पुलिसिंग से जुड़े बुनियादी सवाल पूछना चाहते हैं और पुलिस व समाज से जुड़ी समस्याओं के रचनात्मक समाधान चाहते हैं। हालांकि अनुशासन बनाए रखने के नाम पर उनकी आवाजें दबा दी जाती हैं। उन्हें ऊपर से आए आदेश मानने को मजबूर किया जाता है। पूरी संस्था में एक अजीब सा दमघोंटू माहौल बन जाता है और वे अपने निर्धारित काम करने की बजाए राजनीतिक उद्देश्य पूरे करते रहते हैं। सबक तो सामने ही है–पुलिस कुछ सोच–विचार करने वाले अधिकारी चाहती है, कुछ ऐसे लोग जो आँखें मूँद कर दूसरों के पीछे चलने की बजाए समस्याओं के नए समाधान तलाश सकें।

सभा में पुलिस ने वी.आई.पी. की बजाए वी.ओ.पी. (वैरी ऑर्डीनरी पीपल) को वरीयता दी।

वर्तमान नेतृत्व को इस बात पर पूरा ध्यान देना चाहिए।

पुलिस व नागरिकों की साझेदारी की वजह से भी यह आयोजन काफी सफल रहा। लोग समाचार–पत्रों में दिए गए विज्ञापन पढ़कर ही आए। किसी को भी निजी निमंत्रण नहीं भेजे गए लेकिन फिर हॉल खचाखच भरे थे। यह एक नई पहल की शुरुआत हुई वहाँ पुलिस ने वी.आई.पी. की बजाए वी.ओ.पी. (वैरी ऑर्डीनरी पीपल) को वरीयता दी। सी.आई.डी. के प्रदर्शन से इसकी अच्छी मिसाल मिलती है, जिन्होंने एक ही छत तले पुलिस आधुनिकीरण के लिए कई तरह के यंत्र, उपकरण व सेवाएँ उपलब्ध कराईं। राजस्थान की तरह कुछ अन्य पुलिस बलों ने पहले से ही कंप्यूटर डिस्पैच सिस्टम का इस्तेमाल शुरू कर दिया है ताकि जरूरत पड़ते ही पैट्रोलिग वाहन को वहाँ भेजा जा सके। अब पुलिस कंट्रोल रूम में आने वाले सारे फोन टेप करना संभव है इस तरह नागरिकों द्वारा दी गई जानकारी का रिकॉर्ड रखा जा सकता है। अब लोग पुलिस स्टेशन जाने की बजाए अपने सेलफोन के माध्यम से ही मदद माँग सकते हैं इससे पुलिस की कार्यवाही में क्रांतिकारी बदलाव आया है। पुलिस का यह नया चेहरा, नागरिकों को अपने पास बुलाने की बजाए, उनके पास जाने में विश्वास रखता है।

सड़क सुरक्षा में वन मैन आर्मी रोहित बालूजा का प्रदर्शन तो सबसे आगे निकल गया। वह तकरीबन अकेले ही यातायात से होने वाली दुर्घटनाओं से लड़ रहा है। उसने कैमरों से लैस एक ऐसा वाहन तैयार किया है, जो दुर्घटना की जगह से सबूत एकत्र कर सकता है। यहाँ तक कि रोहित को, पुलिस व शहरी नियोजकों को ट्रैफिक प्रबंधन की शिक्षा देने के लिए पूरी दुनिया से बुलावे आए हैं लेकिन हमारे देश के पुलिस विभाग ने अब तक इस वैश्विक रूप से प्रसिद्ध विशेषज्ञ की सेवाएँ नहीं लीं। कोई पूछ सकता है कि क्यों?

2006 के आयोजन से इतना ही! आइए अब अगले कार्यक्रम की राह देखें। तब तक के लिए आप सबको नव वर्ष की हार्दिक शुभकामनाएँ!

❑

35

इराकी जेलें और यू.एस. का अपमान

यू.एस. में पिछले कुछ सप्ताह से, हमें जेल की बहुत अलग व नई सी खबरें मिल रही हैं, जो पहले कभी नहीं सुनी। इराक व अफगानिस्तान की जेलों की प्रत्यक्ष रिपोर्टिंग के माध्यम से हम दर्शकों ने भी जेलों के बारे में सब देखा व जाना।

अमरीकियों द्वारा जेलों में किए गए दुर्व्यवहारों ने उन्हें सबके सामने नीचा तो दिखाया ही है, साथ ही यू.एस. के डिफेंस सैक्रेटरी के पद को भी खतरे में डाल दिया। उन्होंने बड़ी मुश्किल से इसे बचाया है। अरब जगत में जंगल की आग की तरह फैल रही नफरत की लपटों को बुझाने के लिए, यू.एस. प्रेजीडेंट ने अरब चैनलों के माध्यम से बार–बार माफी माँगी है।

मैंने भी दिल्ली में तिहाड़ सैंट्रल जेल को चलाया है, जो दुनिया में सबसे बड़ी और प्रजातांत्रिक देशों में संख्या के हिसाब से विशाल मानी जाती है, इसलिए मैंने समझने की कोशिश की कि क्या गलत हुआ होगा खबर यह थी कि ईराक और अफगानिस्तान की जेलें, नजरबंदी केंद्र बन गई हैं जहाँ कैदियों के साथ आतंकवादियों की तरह बेरहम तरीके से पूछताछ की जाती है।

वे लोग जेलों को सुधार गृहों की तरह मानकर चलाने के लिए प्रशिक्षित व केंद्रित नहीं थे। जेनेवा सभा में तय हुआ था कि युद्धबंदियों के साथ कैसा बर्ताव किया जाना चाहिए, उन नियमों का भी कोई पालन नहीं किया गया। किस्मत से यह सारी हकीकत कुछ तस्वीरों के माध्यम से सामने आ गई, जिसने अमरीका में धमाका कर दिया और पूरी दुनिया को हिला कर रख दिया।

मैंने देखा है कि अब तक किसी भी वाद–विवाद में इस मुद्दे को नहीं उठाया गया

> जेलों का उद्देश्य क्या है, जेलों को सुधारगृह क्यों कहा जाता है जबकि वे हैं नहीं।

कि 'जेलों का उद्देश्य' क्या है। जेलों को सुधारगृह क्यों कहा जाता है, जबकि वे हैं नहीं! क्या नजरबंदी या कैद होना ही किसी अपमान से कम नहीं है? क्या इस तरह हम व्यक्ति को चुनाव की सुविधा से वंचित नहीं कर देते?

क्या हम इस समय को ऐसे माहौल में नहीं बदल सकते, जब वे स्वयं अपना मूल्यांकन कर अपनी गलतियाँ सुधारने व संभलने की प्रेरणा ले सकें। एक चुनाव के तौर पर? भारतीय और दिल्ली जेलों तथा यू.एस. में भी इस तरह के प्रयोग सफल रहे हैं। इस बारे में अधिक जानकारी के लिए हमारी वैबसाइट www.dhamma.org. पर जाएँ व 'Doing Time, Doing Vipassana' तथा 'Changing how guide' वृत्त चित्र देखें।

मैंने सोचा कि प्रजातंत्र में इस विषय पर वाद–विवाद करने का यह अच्छा अवसर हो सकता है, जहाँ लोगों में बदलाव लाने की ताकत है। आजकल हमारे सुधारगृह सुविधाएँ सिर्फ नाम की हैं। वे तो ईंट, पत्थर, सीमेंट और लोहे से बनी जेले हैं, जहाँ उस भावना का अभाव है, जिसके लिए उन्हें बनाया गया था। भीतर तरणताल, जिम, पुस्तकालय, कक्षाएँ, भोजन कक्ष, खेल के मैदान, कार्यशालाएँ व थिएटर तो हैं लेकिन ऐसे कार्यक्रम कहाँ हैं, जो वहाँ रह रहे लोगों की अंतरात्मा जागृत कर सकें और उन्हें उन सुधारगृहों से बाहर आने की इजाजत दे सके?

मैनें जवाहर लाल नेहरू फैलोशिप के तहत "Its always possible' नामक पुस्तक लिखी, जिसके लिए मैंने पूरी दुनिया के 35 बड़ी जेलों का निरीक्षण किया, मैंने देखा कि वे बहुमंजिला इमारतें सभी सुविधाओं से भरपूर थीं लेकिन वहाँ ऐसे पूरक कार्यक्रमों का अभाव था, जो आत्म–प्रतिबिंबन की आवश्यकता को पूरा कर सकें। जहाँ तक मुझे लगता है, हम दीर्घकालीन सुधार की बजाए बाहरी दिखावे पर ज्यादा बल दे रहे हैं। इसके साथ ही हमें कैदियों की सेवा करने वालों को भी नहीं भूलना चाहिए, जो जेल के भीतर ही अपना समय बिताते हैं। हालांकि यह वाद–विवाद का दूसरा विषय हो सकता है।

हमें अब इस बात पर पूरा ध्यान देना चाहिए कि आधुनिक समय में सुधार की क्या–क्या प्रक्रियाएँ हो सकती हैं। यदि कोई देखना चाहे तो दिल्ली की तिहाड़ जेल में ऐसे कई सफल कार्यक्रम चलाए गए हैं। भारत की दूसरी जेलों में भी इन्हें अपनाया जा रहा है।

❑

36

वरिष्ठों का योगदान

हम पिछले कुछ समय में कई महत्त्वपूर्ण बदलावों के साक्षी रहे। हमने भारत सरकार के कैबिनेट मंत्रियों की उठा–पटक देखी। हमने एक नए विदेश सैक्रेटरी व पुलिस कमिश्नर का आगमन देखा। ये सभी बदलाव एक ही दिन हुए। सभी समाचार–पत्र शपथ समारोह, भार सौंपने व ग्रहण करने के समाचारों से भरे थे। बड़ी हैरानी की बात है कि ये सब बदलाव एक ही दिन कैसे हुए। यह सब क्यों हुआ या इसका ज्योतिष से कोई लेन–देन है या नहीं, यह नहीं जानते, लेकिन हकीकत तो यह है कि यह सब अकारण नहीं था।

हमारे लिए दिल्ली पुलिस में, दिल्ली पुलिस कमिश्नर अजय राज शर्मा के तीन वर्षीय कार्यकाल की समाप्ति का दिन था। किसी भी पुलिस कमिश्नर ने इतना लंबा कार्यकाल नहीं पाया। उन्होंने पूरे तीन वर्ष तक इस पद पर अपनी सेवाएँ प्रदान कीं। यह सब इतना सटीक इसलिए है कि जिस पद पर उन्हें जाना था वह भी उसी दिन खाली हुआ। यह भी एक संयोग है! भगवान बुद्ध ने कहा है कि कारण और प्रभाव में एक गहरा नाता होता है और कुछ भी अकारण नहीं होता। हालांकि इन कारणों का अध्ययन हमें अज्ञात/दिव्यता/आध्यात्मिकता/ भाग्य/अवचेतन/ ईश्वर/प्रकृति या कुछ भी नाम दे दें– की ओर ले जाता है।

मैं भी अपनी सेवा के तीन दशक पूरे कर रही थी और मैंने इस दौरान दिल्ली के 14 पुलिस कमिश्नर देखे, जिन्होंने अपने–अपने तरीके से योगदान दिया। मैं आपके साथ ऐसी ही कुछ यादें बाँटना चाहूँगी।

जब मैंने 1974 में दिल्ली पुलिस में रिपोर्ट किया तो पहले छह महीने फील्ड ट्रेनिंग के लिए थे। उस समय एक दक्षिण भारतीय श्री पी.आर. राजगोपाल, दिल्ली

पुलिस प्रमुख थे, वे धाराप्रवाह हिंदी बोलते थे। मैं उनके पास पहुँची तो वे मुझे, भारतीय पुलिस सेवा में पहली महिला को देख खुश हुए। वे बहुत दयालु थे, वे यह जानने को उत्सुक थे कि मैंने पुलिस को ही क्यों चुना। उन्होंने मुझे कहा, 'बेटी! मैं चाहता हूँ कि जहाँ भी कोई गंभीर अपराध हो, तुम वहाँ पहुँचो, जब भी मैं पुलिस स्टेशनों के दौरे पर निकलूँ तो तुम साथ रहो' और मैंने ऐसा ही किया। हर शाम हम (मैं और मेरे सहकर्मी) पुलिस मुख्यालय से अगले दिन का कार्यक्रम पता करते और वहाँ पहुँच जाते। शायद यह मेरा डी.सी.पी./यातायात के लिए प्रशिक्षण था, जिसकी तब से ठीक सात साल बाद जरूरत पड़ी। मैंने अपने पुलिस कमिश्नर (आई.जी.) के साथ जो देखा और सीखा उससे मैंने प्रशिक्षण के दौरान ही निरीक्षण करना भी सीख लिया। वे एक मेहनती पुलिस प्रमुख थे। वे अक्सर सुबह सात बजे अपनी बड़ी नीली कार (शायद आजकल वह मॉडल चलन में न हो) में घर से निकलते, मैं अपने नीले लम्ब्रेटा पर पहुँचती। वे एस.एच.ओ. की कुर्सी पर बैठकर क्राइम रजिस्टर जांचते। वे शुरूआत से आखिर तक सभी संदर्भों की जांच करते। क्राइम इंडेक्स रजिस्टर से वे हर छानबीन की प्रगति, संपत्ति की वसूली, अपराध के स्थान पर जाने की तारीख, गवाहों से मिलने की तारीख, कोर्ट में चार्जशीट दाखिल करने की तारीख और मामले के संभावित नतीजों का पता लगाते।

> ! भगवान बुद्ध ने कहा है कि कारण और प्रभाव में गहरा नाता होता है और कुछ भी अकारण नहीं होता। !

यह सचमुच एक बढ़िया दौरा होता था... उन्हें इसे खत्म करने की भी कोई हड़बड़ाहट नहीं होती थी। वे बड़े सब्र से रिकॉर्ड रूम के सभी संदर्भों की जांच करते। साथ ही, अपने आदेश भी देते जाते। इसी जांच के दौरान उन्होंने हमें भी सिखाया, वे अक्सर कहते, 'बेटी! तुम्हें भी इसी तरह सारी छानबीन करनी चाहिए।'

वे पुराने अपराधियों के रिकॉर्ड का डाटा बैंक रखने में यकीन रखते थे। वे दिल्ली पुलिस के बुनियादी कंप्यूटराइजेशन के अग्रदूत माने जा सकते हैं। तब तक कंप्यूटर पंपिंग मशीन की तरह इस्तेमाल होते थे। उन्होंने ही कोनेटर सिस्टम चालू किया, जिसमें सभी अपराधियों के रिकॉर्ड दर्ज किए गए।

तब से अब तक तीस साल बीत चुके हैं। राजगोपाल जी ने युवाओं के सामने जो उदाहरण रखे, वे शायद ही किसी पुलिस प्रमुख ने रखे होंगे। मैं उन्हें अपने पहले वास्तविक गुरु के रूप में सम्मान देती हूँ।

इसके बाद भी मैंने कई मजबूत और शक्तिशाली प्रमुख देखे। कुछ लोग अपनी

व्यावसायिक दक्षता से वहाँ तक पहुँचे तो कुछ लोग अपने अच्छे संपर्कों के कारण.। हम जूनियर, उन्हें बड़ी उत्सुकता से देखते। हम पिछले प्रमुखों से उनकी तुलना करते और उनके गुणों का पता लगाते। कुछ तो छोटी–मोटी छानबीन में भी टोकने से बाज नहीं आते और कुछ हमें कभी परेशान न करते। कुछ दयालु थे तो कुछ साहसी। वे अपने मन की बात कहने से हिचकते नहीं थे। कुछ लोग आध्यात्मिक थे, उन तक पहुँचना आसान था और कुछ काफी सीमित रहते और एक दूरी बनाए रखते लेकिन हकीकत यह है कि इन सबने अपनी–अपनी प्राथमिकताओं के योगदान से दिल्ली पुलिस को मजबूती प्रदान की। मिसाल के तौर पर, श्री वेद मारवाह ने दिल्ली पुलिस में जिप्सी वैन मंगवाई तो श्री पी.एस. भिंडर ने पुलिस मुख्यालय भवन तैयार करवाया। श्री एम.बी. कौशल ने दिल्ली पुलिस में कई पद बनाए। श्री जे.एन. चतुर्वेदी ने हमें पुलिस कमिश्नर पद्धति दी। अजय राज शर्मा जी ने अपराधियों के प्रति सख्त रवैया बरतने की प्रेरणा दी। पुलिस कमिश्नर आर.एस. गुप्ता को 'सिस्टम मैन' कह सकते हैं, जो व्यावसायिक व मानवीय भावना के साथ साधनों के अधिकतम उपयोग में विश्वास रखते हैं।

परिवर्तन, प्रकृति का नियम है। मैंने पिछले तीस वर्षों में, अपने विभाग में इसे देखा है। शांतिपूर्ण पुलिसिंग वातावरण से हम रेड अलर्ट तक पहुँचे हैं। पहले पंजाब के आतंकवाद और फिर जम्मू–कश्मीर की वजह से! फोर्स को 2009 में अलविदा कहने से पहले, मैं कुछ बेहतर दिन देखने की उम्मीद रखती हूँ।

मैंने बड़ी सावधानी से अपने प्रमुखों के योगदानों का निरीक्षण किया है और उम्मीद रखती हूँ कि एक दिन सभी की भलाई के लिए उन्हें एक साथ प्रस्तुत करूँगी।

❑

37

पहली नेशनल कांफ्रेंस

वे पूरी तरह से केंद्रित हैं। वे पूरे ध्यान से सुनते हैं। वे सही समय पर प्रतिक्रिया देते हैं। वे पूरी उदारता के साथ प्रशंसा करते हैं। बहुत बुद्धिमता से उत्तर देते हैं। एक अध्यापक की तरह स्पष्ट करते हैं। वे पूरी गंभीरता से अपना दृष्टिकोण रखते हैं। एक नेता की तरह योगदान को प्रोत्साहन देते हैं। वे सुझावों का स्वागत करते हैं। वे एक विजन के साथ पूरी तरह वचनबद्ध हैं। वे कौन हो सकते हैं? वे कोई और नहीं, हमारे प्रधानमंत्री, डॉक्टर मनमोहन सिंह जी हैं।

सुपरिटेंडेंट ऑफ पुलिस की पहली नेशनल कांफ्रेंस में यह सब देखने को मिला, जहाँ सौभाग्य से मैं भी उपस्थित थी। इस तरह यह आँखों देखा हाल है। प्रधानमंत्री अकेले नहीं आए थे, उनके साथ यूनियन होम मिनिस्टर श्री शिवराज पाटिल भी दल सहित उपस्थित थे। उन्होंने भी पूरे धीरज के साथ सब को सुना। उन्होंने कांफ्रेंस में आए पुलिस सुपरिटेंडेंटों के आठों प्रदर्शन ध्यान से सुने। स्वतंत्र भारत के इतिहास में यह सब पहली बार हो रहा था।

ये विषय, निम्नलिखित विषयों पर आयोजित प्रांतीय वर्कशॉपों की उपज थे–

(अ) लोगों के लिए पुलिस सेवा सुधार

(ब) पुलिस के सामने राष्ट्रीय सुरक्षा चुनौतियाँ (आतंकवाद, नियोजित अपराध) आदि।

(स) तकनीकी प्रगति व आर्थिक विकास के संदर्भ में पुलिसिंग के लिए नई चुनौतियाँ।

(द) ग्रामीण पुलिसिंग व ढांचा।

(इ) शहरी व महानगरीय पुलिस की समस्याएँ।

(ई) अपराधिक न्याय सुधार।

(क) पुलिसिंग में सामूहिक योगदान।

(ख) पुलिस में भर्ती, प्रशिक्षण व मानव संसाधन विकास।

यह सब देखने के बाद यूनियन होम मिनिस्टर ने कुछ ऐसे तथ्य प्रस्तुत किए, जो सचमुच काफी सार्थक थे। कुछ थे–'अगर पुलिस अधिकारियों को लगता है कि मीडिया तथ्यों को तोड़–मरोड़ रहा है, तो वे स्वयं क्यों नहीं लिखते? राज्य सरकार को पुलिस परियोजनाओं के लिए वित्त की व्यवस्था करनी चाहिए। हमारी पुलिस को भी प्रक्रिया पर पूरा ध्यान देना चाहिए। व्यक्तिगत पहल कहीं भी, उसे प्रोत्साहन मिलना चाहिए। हमें क्रिमिनल प्रोसीजर एक्ट की धारा 20 के तहत कांस्टेबल की स्थिति पर ध्यान देना होगा। जान–पहचान व उत्तरदायित्व के लिए कार्यकाल की स्थिरता अनिवार्य है। जेलों को भी सुधार की प्रक्रिया में शामिल किया जाना चाहिए। सामुदायिक पुलिसिंग भी कारगर हो सकती है। जहाँ जरूरत हो, वहाँ ग्रामीण पुलिसिंग को अतिरिक्त सुरक्षा दी जानी चाहिए।'

गृहमंत्री पहली बार किसी राजनेता की तरह नहीं एक पेशेवर व्यक्ति की तरह अपनी बात कर रहे थे।

वर्तमान यूनियन होम सैक्रेटरी श्री वी.के. दुग्गल ने भी उनकी बातों का समर्थन किया और फ्लोर पार्टीसिपेशन पर बल दिया, जिसे शायद उन्होंने अपने फौज के दिनों में सीखा था। यह सब भी मैंने पहली बार ही देखा। लगता है कि अब देश पुलिस सुधारों के लिए एक स्पष्ट सोच रखने लगा है तभी ऐसी कांफ्रेंस संभव हो पाई। प्रांतीय कांफ्रेंसों में भाग लेने वाले सभी वरिष्ठ यही कह रहे थे कि उन्होंने अपने पूरे कार्यकाल में ऐसी कांफ्रेंस नहीं देखी। मेरे 33 वर्ष के कार्यकाल में भी ऐसा पहली बार हुआ है। पछतावा इस बात का है कि यह 33 वर्ष बाद हुई है। खुशी इस बात की है कि यह उन युवा सुपरिटेंडेंट के समय में हुई है, जो आने वाले 20–25 सालों तक देश की सुरक्षा व पुलिसिंग नेतृत्व करने वाले हैं। मैं तो इसे बहुत बड़ा बदलाव मानती हूँ। इसने वहाँ उपस्थित सभी लोगों में जोश भर दिया।

भारतीय पुलिस सेवा में महिलाओं की भूमिका भी देखने को मिली। उनमें से अब अनेक महिलाएँ ऊँचे व मुश्किल पदों पर हैं। अब उच्च पदों पर पुरुषों का ही वर्चस्व नहीं है। हम सबने देखा है कि महिलाएँ किस तरह उन ऊँचाइयों तक पहुँची हैं। आंध्र प्रदेश कैडट की एक युवा पुलिस अधिकारी ही कार्यक्रम की प्रस्तोता थीं।

हालांकि सारे प्रदर्शन जबरदस्त थे लेकिन उत्तर प्रदेश कैडट की युवा आई.पी. एस. अंजू गुप्ता का जिक्र करना चाहूँगी। सहारनपुर और मेरठ जिले के आंकड़ों पर आधारित सर्वे में उन्होंने बताया कि जिले की 75% पुलिस वी.आई.पी./लॉ एंड

ऑर्डर/त्यौहारों/यातायात व अदालती कामों में लगी है। केवल 25% पुलिस ही आपातकाल शिकायतों व मिलने–जुलने वालों को संभालती है। उनके अध्ययन से पता चला कि सभी शिकायतों में से सिर्फ 27% पुलिस से संबंधित होती है। बाकी 75% शिकायतें भूमि कर; विवाद (गैर अपराधी), (परिवार, सिविल, सामाजिक व व्यापारिक लेन–देन) से जुड़ी होती हैं।

छुट्टियों से जुड़े सर्वेक्षण से पता चला कि 95% सामान्य सरकारी कर्मचारी की तुलना में 52% पुलिस ही छुट्टी ले पाती है।

! अब देश पुलिस सुधारों के लिए स्पष्ट सोच रखने लगा है। तभी ऐसी कांफ्रेंस संभव हो पाई। !

पुलिस सेवा में आने वाली रुकावटों के बारे में उन्होंने बताया कि प्रक्रियाओं के शॉर्टकट, दो तरह के नियम, एफ.आई.आर. की राजनीति, पुराने तरीके का प्रबंधन, अनिश्चित कार्यकाल व बुरी छवि इसके प्रमुख कारण हैं। उन्होंने न्याय व़ सुरक्षा क्षेत्र सुधार, सार्वजनिक जीवन के गैर अपराधीकरण, पुलिस–जनता हस्तक्षेप, तनाव में कमी, प्रदर्शन प्रबंधन–पुलिसिंग के नए केंद्र अर्थ, वैज्ञानिक छानबीन, ई–प्रशासन आदि की अनुशंसा की।

पूरी कांफ्रेंस में चारों ओर से एक ही आवाज आई

देश '1991 विविध पुलिस सुधार' चाहता है... वह भी शीघ्र...

38

पीपल-पुलिसिंग

अगर हम शहरों को सबके लिए सुरक्षित बनाना चाहते हैं तो हमें पुलिसिंग की मात्रा और गुणवत्ता पर ध्यान देना होगा। संक्षेप में कहें तो इसे 'पीपल–पुलिसिंग' में बदलना होगा।

इसमें पूरक, सामूहिक, महत्त्वपूर्ण व सुनिश्चित अपराध नियंत्रण उपायों को शामिल करना होगा। पुलिस को समाज के सभी अंगों स्त्री–पुरुष, बालक, वृद्ध, अमीर–गरीब, शहरी व ग्रामीण सभी लोगों को इसमें शामिल करना होगा। इसमें समाज के व्यवस्थित वर्गों के अलावा प्रभावी व्यक्तियों को भी शामिल किया जाना चाहिए।

'पीपल पुलिसिंग' का अर्थ होगा कि जो धनी वर्ग निजी सुरक्षा के लिए प्राइवेट सुरक्षा एजेंसी के गार्ड या चौकीदार रखते हैं, वे भी पुलिसिंग के सामूहिक प्रयास में अपना य़ोगदान दें। यह मध्यमवर्गीय, निम्नवर्गीय, गाँव व यहाँ तक कि झोंपड़पट्‌टी तक भी पहुँचना चाहिए।

समाज के सभी वर्गों को मिलकर निम्नलिखित साधन अपनाने चाहिए–

1. रेजीडेंट वेल्फेयर एसोसिएशन, झोंपड़पट्‌टी के प्रधान, गांव के बुजुर्गों व युवाओं को अपराध नियंत्रण की इस प्रक्रिया में हिस्सेदार बनाकर जिम्मेवारी सौंपी जा सकती है। पुलिस को यह पहल करनी होगी और लोगों को उचित प्रतिक्रिया देनी होगी। जिन क्षेत्रों में पुलिस चाह कर भी कुछ नहीं कर पाती, वहाँ के लोग एकजुट होकर अपनी सुरक्षा का प्रबंध स्वयं कर सकते हैं। यह हमेशा असरदार होता है।
2. रेजीडेंट एसोसिएशन, झोंपड़पट्‌टी व गांवों में महिलाओं व वृद्ध जन के लिए

विशेष प्रबंध हों। किसी भी तरह के बचाव, सलाह या सुरक्षा के लिए वे लोग वहाँ जाकर मदद माँग सकें।

3. इन समूहों को समय-समय पर अपडेट करना चाहिए ताकि अपराध पर नियंत्रण होने के साथ-साथ समाज में महिलाओं व युवतियों के सम्मान व सुरक्षा पर ध्यान दिया जा सके।

> समाज में महिलाओं की सुरक्षा के मुद्दे को नजरअंदाज नहीं कर सकते। पुलिस व जनता मिलकर ही इस समस्या का बेहतर समाधान तलाश सकती है।

4. शैक्षिक संस्थाओं में अपराध नियंत्रण व महिलाओं के सम्मान की शिक्षा दी जानी चाहिए। इसे मूल्य शिक्षा का अंग बनाना चाहिए, उस थाने के पुलिस अधिकारी व अध्यापक मिलकर इस विषय में सभाएँ आयोजित करें। इसके साथ ही संगठित लोग व युवा पुलिस स्टेशनों का दौरा करें। इस तरह आपस में गहरी समझ व संवेदनशीलता विकसित होगी।
5. लड़कियों व युवतियों को आत्मरक्षा का प्रशिक्षण दिया जाए। स्कूल, कॉलेज, कॉलोनियों और वेलफेयर एसोसिएशनों के प्रशिक्षकों को प्रशिक्षण दिया जाए ताकि वे लोग आगे प्रशिक्षण दे सकें। अगर जनता और पुलिस मिलकर काम करे तो काफी बेहतर नतीजे सामने आ सकते हैं।
6. एन.सी.सी., एन.एस.एस. लड़के-लड़कियों का नामांकन सिविल डिफेंस स्वयंसेवकों के रूप में किया जाए। ताकि वे कहीं भी रहें, अपने देश की रक्षा से पीछे न हटें। समुदाय स्थानीय समारोहों में उनके योगदान को सराह सकता है।
7. सिविल डिफेंस कॉर्पस् को देशव्यापी आंदोलन बनाया जाए। पुलिस उन्हें आवासीय इलाकों में सिर्फ रामलीला या जन्माष्टमी के लिए नहीं बल्कि ड्यूटी के लिए भी बुला सके।
8. सिविल डिफेंस कॉर्पस् में महिलाओं का योगदान बढ़ाया जाए।
9. क्षेत्र में बीट सिस्टम लागू हो ताकि बीट पुलिस अधिकारी, पुलिसिंग की मांगों को समझ सके व लोगों को पूरा सहयोग दे सके।
10. अराजक तत्त्वों को समय-समय पर थाने बुलाकर पूछताछ हो ताकि पता चल सके कि वे क्या कर रहे हैं (कृपया मारपीट न करें)।
11. अपराधिक गतिविधियों में लिप्त लोगों की गिरफ्तारी का प्रबंध हो। जमानत के बाद भी उन पर पूरी नजर रखी जाए।
12. पुराने अपराधियों को सुधार की दृष्टि से संपर्क में रखें। झूठी गिरफ्तारियाँ

न करें। अपराधियों को किसी भी कीमत पर न छोड़ें, चाहे वे कोई भी क्यों न हों।

13. सभी पुलिस स्टेशन अधिकारियों व लोगों के बीच विचार बाँटें ताकि परस्पर समझ व सहयोग की भावना विकसित हो।
14. पारियों में काम के लिए अतिरिक्त पुलिस की व्यवस्था हो। हमेशा पर्याप्त संसाधन मौजूद रहें।
15. पुलिस अधिकारियों को बार–बार प्रशिक्षित करें ताकि वे जनता को अपने साथ जोड़ सकें साथ ही जनता को भी प्रेरित करें।
16. नेतृत्व का प्रत्यक्ष सहयोग होना चाहिए। यह सिर्फ कागजी कार्रवाई, दिखावा या टी.वी. में आने का एक अवसर नहीं होना चाहिए।

समाज में महिलाओं की सुरक्षा के मुद्दे को नजरअंदाज नहीं कर सकते। पुलिस व जनता मिलकर ही इस समस्या का बेहतर समाधान तलाश सकती है।

इनमें से कोई भी उपाय अमूर्त नहीं है। ये जहाँ भी आजमाए गए, वहीं बेहतर नतीजे मिले। बस शर्त सिर्फ इतनी है कि इसे 'पीस मील' पुलिसिंग की बजाए 'पीपल पुलिसिंग' होना होगा।

❑

39

वर्तमान और भविष्य

एक ताजा समाचार से पता चला है, 'लॉ एंड ऑर्डर में सुधार के बाद बिहार तेजी से व्यावसायिक निवेशों का लक्ष्य बन रहा है' पर संदेश बिल्कुल स्पष्ट है। सचमुच सुरक्षा की भावना, आर्थिक समृद्धि व विकास के बीच गहरा नाता है।

तब हम, एक राष्ट्र के रूप में; बदली व सुधरी हुई अपराधिक न्याय व्यवस्था को लागू क्यों नहीं करते, ताकि हम भी जी.डी.पी. वृद्धि के 10% जादुई लक्ष्य को प्राप्त कर सकें।

सवाल यह पैदा होता है: हमें कौन रोक रहा है? क्या यह हमारी सोच की वजह से है? शायद हाँ! यही सोच, समाज के सारे प्रभुत्व वर्ग पर छाई है।

आइए, कुछ सवाल पूछें:–

- धनी व प्रसिद्ध :– क्या वे सचमुच कानून के लिए एक समान होना चाहते हैं? क्या वे धन से मिलने वाले सारे लाभ लेना नहीं चाहेंगे? क्या वे अपनी मांगों या जरूरतों से मुँह मोड़ना चाहेंगे? जरा दुर्घटनाओं, वन्य जीवन कानून भंग, धन का फ्रॉड, संपत्ति आदि से जुड़े गंभीर अपराधों को याद करें।
- जनता का प्रतिनिधित्व वर्ग :– उनमें से ज्यादातर यही मानते हैं कि उन्हें जनता ने चुना है इसलिए लोग ही उन्हें हटा सकते हैं, वे पुलिस को अपने नियंत्रण में रखना चाहते हैं। वे अपना स्तर बनाए रखने के लिए अधिकारियों की तरक्की व स्थानांतरण अपने हाथ में रखते हैं। एक अध्ययन से पता चला है कि आमतौर पर पुलिस जिला सुपरिटेंडेंट अपना

कार्यकाल पूरा नहीं कर पाते। यहाँ तक कि कांस्टेबलों को भी इसी नीति का शिकार होना पड़ता है।

- ब्यूरोक्रेसी के पास सुनने, लिखने व वित्त की शक्ति है। वे सलाह देते हैं। वर्षों से उन्होंने काबू करना व निर्देश देना सीखा है। पुलिस कमिश्नर सिस्टम का ही उदाहरण लें। इस सिस्टम को पहले ही लागू कर दिया जाता तो पुलिस कमिश्नर कितनी आसानी से प्रत्यक्ष उत्तरदायित्व लेकर मामले सुलझा पाते।
- सीनियर पुलिस नेतृत्व के विषय में कुछ करना कठिन है। वे अपने भविष्य को लेकर चिंतित रहते हैं। वे चाह कर भी अपने जूनियरों का नेतृत्व नहीं कर पाते।

तो आगे की योजना कौन बनाता है? किस वचनबद्धता के साथ और कैसे? हिसाब से पुलिस प्लान बनाता है। दिल्ली, गाजियाबाद, नोएडा, गुड़गाँव व फरीदाबाद में अपराधों के प्रति पुलिस प्रतिक्रिया में आसानी से अंतर देखा जा सकता है।

राष्ट्रीय पुलिस प्लान में ही भीतरी सुरक्षा का भविष्य छिपा है। इसके अलावा हम सबको मिलकर साइबर आतंकवाद व मनी लांडरिंग जैसे अन्तर्राज्यीय व अंतर्राष्ट्रीय अपराधों से निपटना होगा। इसके लिए नियमों व कानूनों का पालन, संसाधनों का अधिकतम उपयोग तथा भीतरी रुकावटों से मुक्ति चाहिए।

केंद्र सरकार द्वारा नियुक्त सारोब जी कमेटी ने एक साल पहले मॉडल पुलिस एक्ट 2006 बनाया है। इसके मुख्य अंग हैं–

1. पुलिस अधिकारी कानून के प्रति उत्तरदायी हों
2. निश्चित कार्यकाल के साथ डायरेक्टर जनरल ऑफ पुलिस की चयन प्रक्रिया
3. दूसरे अधिकारियों की नियुक्ति के लिए पारदर्शी चयन प्रक्रिया व स्थिर कार्यकाल
4. प्रशिक्षण पर बल
5. कांस्टेबलरी के प्रति नई पहल
6. बीट अधिकारी के लिए सिविल पुलिस अफसर की स्नातक अवधारणा
   - राज्य पुलिस बोर्ड का गठन
   - राज्य नियंत्रण के सामने तीन वर्षीय पुलिस प्लान

- ग्रामीण क्षेत्रों पर ध्यान
- दस लाख से अधिक आबादी वाले शहरों

के लिए पुलिस कमिश्नर सिस्टम

- सिक्योरिटी जोन का गठन
- तकनीक का अधिकतम उपयोग
- विशेष अपराध छानबीन व गंभीर अपराधों में पूछताछ के लिए लॉ एंड ऑर्डर से अलगाव

यह कार्य हो चुका है

> ! कानून व्यवस्था का प्रभाव अब कर्तव्यनिष्ठ नागरिकों के न्यायालय में उपस्थित है। !

अब इसका फॉलो–अप बाकी है, जो कि काफी हद तक हमारी सोच पर भी निर्भर करता है।

हमारे वर्तमान व हमारे भविष्य के लिए...

❑

40

लोगों की प्रतीक्षा

राज्य के चीफ सैक्रेटरी प्रेस कांफ्रेंस में हमारे प्रधानमंत्री ने कहा–'आपको अपनी पुलिस फोर्स को ताकतवर बनाना होगा ताकि वे उच्चस्तरीय क्षमता का प्रदर्शन कर सकें। आपको इस विषय में आवश्यक नेतृत्व देना होगा...'

मुंबई धमाकों के बाद जनता आदरणीय संसद या राज्य सभा से जवाब चाहती है। वे चाहते हैं कि बचाव व सुरक्षा के पुख्ता इंतजाम किए जाएँ लेकिन बड़े अफसोस से कहना पड़ता है कि, 'तू–तू, मैं–मैं खत्म हुई लेकिन आतंकवाद का मुद्दा ज्यों का त्यों है' (एक अखबार की हेडलाईन)।

यह सामान्य सोच का प्रतिबिंब है। जरा देखें कि हम अपने प्रधानमंत्री जी की सलाह को वास्तविकता में कैसे बदल सकते हैं। यहाँ मैं कुछ उपाय पेश करना चाहूँगी:

जब मैंने पुलिस सेवा में कदम रखा तो कई तरह के अभ्यासों का अनुभव हुआ (1) नियंत्रण में दोहरापन (2) मानव संसाधन व यंत्रों की भारी कमी (3) छिपी क्रम परंपरा का मजबूत तंत्र (4) पूछताछ व छानबीन के पुराने साधन, नतीजन थर्ड डिग्री का इस्तेमाल (5) मानवाधिकार संगठनों की बढ़त (बिना किसी ड्यूटी के) (6) 70 के दशक के मध्य में राजनीतिक हस्तक्षेप से हुई नियुक्तियाँ।

ये सभी मुद्दे आज भी मौजूद हैं। दुख से कहना पड़ता है कि इसमें और भी कई शामिल हो गए हैं (1) अपराधियों के पास राजनीतिक ताकत (2) शिकार की बजाए अपराधी के मानवाधिकारों को प्राथमिकता (3) असंख्य नए कानून जैसे–ड्रग ट्रैफिकिंग, महिलाओं के प्रति अपराध, बाल अधिकार साइबर क्राइम, पर्यावरणीय कानून, आतंकवाद कानून, सफेद कॉलर अपराध– ये सब बिना किसी योजना व उपकरणों

के... संसाधनों की कमी की बात करें तो–अदालतों की संख्या, बचाव वकील, पूछताछ अधिकारी, फौरेंसिक लैब, प्रशिक्षण उपकरण, अस्त्र–शस्त्र व जेलें आदि (4) सामान्य पुलिसिंग की तुलना में अपराधियों के पास तकनीकी दक्षता (5) दोषी के लिए बेहतर व खर्चीला बचाव (6) घटती धारणाएँ (7) राजनीतिक व नौकरशाही दबाव (8) संरक्षणवादी संस्कृति का जन्म (9) पुलिसिंग में नियोजन का अभाव।

> अंततः वह समय! आ ही पहुंचा है कि हम फाइनेंशियल इंडेक्स, सेंसेक्स की तरह सिक्योरिटी ! इंडेक्स बनाएं।

चुने गए प्रतिनिधियों, सिविल प्रशासन व पुलिस नेतृत्व को इन सभी मुद्दों पर ध्यान देना होगा। जनता बहुत समय से, उनसे यही चाहती है–कुछ एक्शन प्वाइंट्स–

- हम सड़कों, गाँवों, शहरों व देहातों में भरोसे व विश्वास का जाल बुनते हैं। यह कोई मुश्किल काम नहीं। यह संकल्पबद्ध सोच की बात है। प्रशिक्षित पुलिस मानव संसाधनों की कमी है इसलिए हम राष्ट्रीय सेवा के लिए नागरिकों को ले सकते हैं।

  हम इसमें एन.सी.सी.; एन.एस.एस., होम गार्ड, सिविल डिफेंस, विलेज डिफेंस कौंसिल, वाई.एम.ए. (उत्तर–पूर्व में), भूतपूर्व कर्मचारियों, सेवानिवृत्त स्वयंसेवकों व अन्य सेवाओं को शामिल कर सकते हैं। हम उनसे राष्ट्रीय एकता बनाने में उसके संरक्षण की हिस्सेदारी चाहते हैं।
- हम विशेष पूछताछ ड्यूटी को लॉ एंड ऑर्डर से अलग कर सकते हैं। इसके बिना सुधार होना मुश्किल है।
- हमें कंप्यूटरीकृत केंद्र के रूप में Gis-Comstaa की अवधारणा चाहिए जहाँ किसी खास जिले के अपराध, शिकायतों व जानकारी का प्रतिदिन विश्लेषण हो सके तथा वास्तविक योजनाएँ बन सकें। इस तरह पुलिस स्टेशनों पर निर्भरता घटेगी। इससे शहरों के चलन का वैज्ञानिक विश्लेषण संभव हो जाएगा। इसे मैट्रो शहरों में शुरू किया जा सकेगा।
- हमें अपने कानून को तकनीक से जोड़ना होगा। कुछ मामलों में पारंपरिक सबूत काफी मुश्किल से मिलते हैं। 11/7 अपराध, अंतर्राज्यीय फैडरल अपराध ही होते हैं हर तकनीकों के इस्तेमाल से अपराधियों के दोष आसानी से प्रमाणित किए जा सकते हैं।
- हमें जिला स्तरों पर एंटी–टैरेरिस्ट व इंटेलीजेंस यूनिट चाहिए, वहाँ तकनीकों

पर आधारित मेमोरी सिस्टम भी हों इसके साथ ही फैडरल सहयोगी एंटी टैरेरिस्ट एजेंसी की भी जरूरत है।

- हमें पुलिस विभागों में शोध व विश्लेषण के लिए बुद्धिमान व्यक्ति चाहिए। इसके लिए शैक्षिक संस्थाओं से संपर्क करना होगा। यदि छात्रवृत्तियों का प्रबंध हो सके तो बेहतर है। इस तरह लगातार विश्लेषण की सुविधा मिलेगी। वर्तमान में 22 लाख पुलिस कर्मचारियों पर 25,000 करोड़ का खर्च आता है, भारतीय पुलिस, डिफेंस फोर्स के 2804 करोड़ की तुलना में– शोध पर केवल 1 करोड़ रुपया खर्च करती है।
- अनुक्रमण नियोजन की सख्त आवश्यकता है। इससे नए व्यावसायिक प्रबंधन को भी प्रोत्साहन मिलेगा।

अंततः वह समय आ ही पहुँचा है कि हम फाइनेंशियल इंडेक्स, सेंसेक्स की तरह सिक्योरिटी इंडेक्स बनाएँ इसे जिला, राज्य व राष्ट्रीय स्तर के वार्षिक प्रदर्शन का बैरोमीटर बना दें।

चुने गए प्रतिनिधि तब देख सकेंगे कि भारत अंधेरे में हैं या उजाले में? यह कठोर है अथवा कोमल?

❑

41

अच्छे शासन का आश्वासन

एक दिन मुझे बहुत ही रोचक ई–मेल मिला। यह आई.एस.एस.ए.एन. (इंडियन नेशनल सजेशन स्कीम एसोसिएशन) के वार्षिक समारोह के शुभारंभ का निमंत्रण था। यह एक अद्‌भुत मंच है, जहाँ उद्योग एक साथ मिल कर विचारों को बाँटते हैं तथा अपने कर्मचारियों से मिले अच्छे सुझावों का स्वागत करते हैं।

यह संस्था प्रांतीय व राष्ट्रीय मंचों पर ऐसे सत्र आयोजित करती है। एक वरिष्ठ जूरी, श्रेष्ठ प्रदर्शनों को चुनती है, उन्हें लिखित रूप में लेने के बाद अपने सदस्यों के बीच बाँटती है। जिस संस्था से कर्मचारी जुड़े होते हैं, उनकी संस्था व उन्हें पूरी पहचान व सम्मान मिलता है।

मेरे लिए इस निमंत्रण को स्वीकारना बड़ी प्रसन्नता का विषय था क्योंकि मैंने काम के दौरान 'सुझाव की शक्ति' को पहचाना है, इसका अनुभव किया है। मैं जानती हूँ कि लगातार सुझाव के लिए यह तरीका कितना कारगर हो सकता है। जब मैंने उसी समय उन्हें हामी भर दी तो वे आश्चर्यचकित हो गए (उन्होंने मुझे बाद में बताया) वे सोचते थे कि मैं भी 'सुझाव की शक्ति' में विश्वास रखती हूँ लेकिन उन्हें यह नहीं पता था कि मेरे लिए यह क्या मायने रखता है।

मुझसे कहा गया कि मैं आरंभिक भाषण में उन मुद्दों को उठाऊँ, जब सुझाव की शक्ति सही मायनों में मेरे सहकर्मियों व अधीनस्थों के लिए निजी व व्यावसायिक रूप से कारगर व उपयोगी हो। मैंने बेहतर शासन की छिपी संभावना के मुद्दे को उठाया कि हम उसमें जितना विश्वास रखते हैं

व उसका अभ्यास करते हैं, उससे उतना ही प्राप्त कर सकते हैं व दूसरों तक पहुँचा सकते हैं।

मैंने पश्चिमी दिल्ली के डिप्टी कमिश्नर के रूप में पहली जिला पुलिस एसाइनमेंट से जुड़े अनुभव बाँटे। अपराध नियंत्रण में पहला सुझाव, असिस्टेंट कमिश्नर ऑफ पुलिस श्री के.के. छाबड़ा (वे मुझसे आयु में दुगने थे) द्वारा दिया गया। मैं उनके व्यावसायिक ज्ञान के लिए उनका आदर करती थी। उन्होंने बीट कांस्टेबल पद्धति का सुझाव दिया। इसका मतलब था कि विशेष क्षेत्रों में पुलिसिंग उत्तरदायित्व के लिए पुलिस अधिकारियों की नियुक्ति की जाए। जैसे ही मुझे इस सुझाव का महत्त्व समझ आया, मैंने जिले के बाकी पुलिस थानों में भी इसे लागू करने में देर नहीं की।

हमने इसमें सभी पदों को शामिल करते हुए प्रशिक्षित किया। फिर हमने काम के दौरान बदलती जरूरतों के विषय में सुझाव माँगे। सबसे पहले तो मैं नेता होने के नाते वचनबद्ध हुई। इस योजना के प्रति पूरे भरोसे व आदर के साथ हर सुबह किसी भी पुलिस थाने में पहुँच जाती (मुझे 19 थानों में जाना पड़ता था) ताकि बीट अधिकारियों से इस नए काम के अनुभवों, चुनौतियों व प्राप्तियों के बारे में जान सकूं। मुझे उन लोगों के बीच एक तरह की संपूर्णता व काम करने की ताजगी दिखाई दी।

इन मुलाकातों में ही कई तरह के सुझाव व समाधान सामने आए। पुलिसिंग की गुणवत्ता में सुधार दिखाई देने लगा। अपराध नियंत्रित हो गए। पुलिस के बारे में लोगों की राय बदलने लगी। जिले के बारे में मीडिया रिपोर्टों में बदलाव आया। हमें महत्त्वपूर्ण जानकारी मिलने लगी। इस तरह हम नए सिरे से चुनौतियों का सामना करने के लिए तैयार हो सके। रिपोर्टिंग बढ़ने से अपराध घटे, बचाव में भी सुधार हुआ।

वो दिन भी आया, जब हमारी यही प्रकृति दूसरों के लिए रोल मॉडल बन गई। दिल्ली के स्वर्गीय गवर्नर ने भरी सभा में मेरे पुलिस कमिश्नर से पूछा–'दिल्ली की दूसरी जिला पुलिस इसे क्यों नहीं अपना सकती?' जवाब मिला, 'सर! हमारे पास संसाधन नहीं हैं।' गवर्नर महोदय ने बहस को आगे नहीं बढ़ाया और यह नहीं पूछा कि पश्चिमी जिले को संसाधन कहाँ से मिल रहे थे। हकीकत यह थी कि हम अपने ही संसाधनों का नए तरीके से इस्तेमाल कर रहे थे।

तब से आज तक यह पद्धति सबसे बेहतर मानी जाती है। यह जितने बेहतर तरीके से अपनाई जाएगी, उतने बेहतर नतीजे सामने आएंगे।

इसके बाद मुझे ट्रैफिक पुलिस एसाइनमेंट मिला। मैं दिल्ली की सड़कों तक के बारे में नहीं जानती थी और कुछ ही महीनों में नौवें एशियाई खेल होने जा रहे थे। एक बार फिर कंप्यूटरों और दूसरे लोगों से मिले सुझावों की मदद से इस मुश्किल काम .को अंजाम दिया। इन सुझावों को लागू किया गया, परखा गया ताकि ट्रैफिक व्यवस्था को सुचारु बनाया जा सके। तभी तो सड़कों पर जाम यातायात के लिए, सड़कों पर क्रेनें उतरीं और वी.आई.पी. गाड़ियों को भी नहीं बख्शां गया।

> ! बदलाव नेतृत्व से ही आरंभ होता है। यह प्रबंध के सभी क्षेत्रों व स्तरों पर लागू होता है। इसका जितना अभ्यास होगा, यह उतना ही उत्पादक होगा। !

मैं यहाँ सिर्फ इतना ही कहना चाह रही हूँ कि सभी लोगों के सुझाव सुनने से सभी स्तरों पर सहयोग, भागीदारी, वृद्धि, उत्सुकता, प्रतिभा की पहचान, संपूर्णता, गुणवत्ता, पारदर्शिता व उत्तरदायित्व की प्रेरणा मिलती है। क्या ये सब किसी अच्छे शासन के गुण नहीं हैं?

सभी सुझावों को प्रभावी रूप से लागू कर पाना ही अच्छे नेतृत्व की पहचान है। यह हमें केंद्रित रखते हुए गलतियाँ करने से रोकता है और भरोसा दिलाता है कि हम बिना किसी हानि के लक्ष्य तक पहुँचेंगे।

हालांकि यह काफी हद तक-इसी बात पर निर्भर करता है कि हम इसे किस रूप में चाहते हैं।

सबसे खास बात तो यह है कि बदलाव नेतृत्व से ही आरंभ होता है। यह प्रबंध के सभी क्षे·त्रों व स्तरों पर लागू होता है। इसका ज़ितना अभ्यास होगा, यह उतना ही उत्पादक होगा। पश्चिम में काम करके, मुझे एहसास हुआ कि यह नियम, पूरी दुनिया में एक सा है। यह एक मानवीय मांग है, जिसकी बहुत अधिक आवश्यकता है।

❑

42

पुलिसवालों की पत्नियाँ

महिला पुलिस अपने कैरियर की कीमत पर पारिवारिक जीवन को बचा रही हैं। पुरुषों ने अपना पूरा जीवन इस नौकरी के नाम कर दिया है लेकिन, उनके घर कौन चला रहा है? भारतीय पुलिस में सभी पदों पर एक पहलू को पूरी तरह अनेदखा किया गया है, वह है 'पुलिस वालों के परिवार व पत्नियों को पहचान न देना'। ऐसा क्यों है? क्या वे भी अपने पति के साथ दिन–रात की नौकरी नहीं करतीं?

क्या उनकी अपनी कोई खास माँगें नहीं हैं? क्या कभी यह जानने की कोशिश की गई है कि वे सचमुच क्या चाहती हैं? क्या आज तक पुलिस सेवा या पुलिस बल ने उनके प्रति संवेदनशीलता दिखाई है? क्या किसी भी राज्य की पुलिस ने पुलिसवालों के परिवारों के लिए कोई कल्याणकारी योजनाएँ बनाई हैं? या यह बहुत बड़ी मांग है?

क्या कभी यह जानने की कोशिश की गई कि वे अपने पति की नौकरी के बारे में क्या सोचती है? पुलिस वालों की पत्नियों या परिवारों को जो भी भुगतना पड़ता है, मैं उसकी निजी तौर पर साक्षी रही हूँ इसलिए मैंने यह सवाल उठाए।

ज्यादातर पुलिसवालों के घर उनकी बीवियाँ ही संभालती हैं क्योंकि पुलिस अधिकारियों को काफी लंबे अरसे तक घरों से बाहर रहना पड़ता है। उन्हें एक पिता के रूप में बच्चों की देखभाल का समय ही नहीं मिल पाता। जब वे घर पर होते हैं तो उन्हें आराम की सख्त जरूरत होती है। वे वहाँ मानसिक रूप से नहीं, शारीरिक तौर पर ही उपसिथत होते हैं। घर–परिवार से लंबे अरसे की दूरी के दौरान, उनमें कुछ गलत आदतें भी पनप जाएँ तो इसमें कोई हैरानी नहीं है।

> वर्तमान नजरिए! से मेल-जोल नहीं हो सकता जब तक वहां पर्याप्त परिवर्तन न हो। !

मैंने चीफ ऑफ आर्मी स्टाफ जनरल जे.जे. सिंह की धर्मपत्नी श्रीमती रोहिणी अनुपमा सिंह द्वारा आयोजित गार्डन पार्टी में जो देखा या आर्मीस वाइवस् वेलफेयर एसोसिएशन में जो सत्र किया, उसी ने मुझे इस विषय में बोलने को विवश कर दिया। आर्मी हाऊस में फौजी अधिकारियों द्वारा वसंत के आगमन पर इस पार्टी का आयोजन किया गया था। एसोसिएशन ने भी एक मीटिंग द्वारा यह जानने का प्रयास किया कि वे जवानों के परिवार वालों की बेहतरी के लिए और क्या कर सकती है। पदों की सीमाओं से परे, गुलाबी रंग की पोशाकों में सजी अधिकारियों की पत्नियाँ समां बांध रही थीं। दूसरे मौके पर वे काले–सफेद रंग में दिखाई दीं। वे एक विशाल परिवार की तरह हँस, गा रही थीं, बतिया रही थीं। यह जवानों के परिवारों की सेवा का एक अच्छा तरीका है जो घरों से दूर सुदूर इलाकों में अपना कर्त्तव्य निभा रहे हैं।

डायरेक्टर जनरल या पुलिस चीफ के घर ऐसे समारोह कहाँ होते हैं, मुझे उन दोनों समारोहों में भाग लेते समय यह एहसास हुआ। मैंने स्वयं से पूछा कि क्या हम पुलिस वाले मिलकर ऐसे समारोह नहीं कर सकते।

क्या वो दिन भी कभी आएगा जब सभी पुलिस वालों की पत्नियाँ अपने पतियों के पद भुलाकर, पुलिस चीफ के घर एकत्र होंगी और वहाँ उन्हें पूरा प्रेम, आदर और सम्मान मिलेगा?

हाँ! यह हो सकता है! लेकिन यह तभी संभव है जब आने वाले पुलिस नेतृत्व को 'कल्याणकारी पुलिसिंग' में भरोसा होगा। जब सुपरवाइजरी रैकों में ऐसे प्रदर्शनों का मूल्यांकन अनिवार्य हो जाएगा। जब पुलिस वालों के परिवारों की मदद के लिए ऐसे बजट तैयार होंगे, जो निर्भरता पर नहीं सैल्फ–हैल्प पर आधारित होंगे, जैसे–बच्चों की पढ़ाई, मकान, व्यावसायिक प्रशिक्षण, सैल्फ हैल्प सहायक समूह, किशारों के लिए सलाह व आर्थिक सशक्तीकरण आदि।

यह सब कुछ सिर्फ रवैए में बदलाव आने पर ही संभव है, फिर चाहे वह कोई गेट–टुगेदर हो या पुलिस अधिकारियों की पत्नियों की एसोसिएशन! लेकिन ऐसा जरूर होगा! इंशाल्लाह! जयहिंद!

❑

43

पुलिस नेतृत्व में नई पहल

यहाँ कुछ वरिष्ठ अधिकारियों की चर्चा का फीडबैक दे रही हूँ, जहाँ मैं भी मौजूद थी:

(अ) "अगर आप लॉ बुक के हिसाब से चलते हैं, तो हम किसलिए हैं? पुलिस सेवा में प्रवेशार्थी से एक स्थानीय नेता ने पूछा, पूरी पाबंदी से लॉ बुक के हिसाब से कौन चल रहा था? वह नया प्रवेशार्थी, वह सब करने के लिए संकल्पबद्ध था, जो उसने ट्रेनिंग अकादमी में अपने अध्यापकों से सीखा।"

(ब) "कुछ स्थानीय प्रतिनिधि सोचते हैं कि लोकप्रिय मुद्दों को उठाना सिर्फ उनका दायित्व है, कानून का नहीं। वे भूल गए हैं कि कानून का पालन तो बनाने वालों को भी करना पड़ता है।"

(स) "1990 तक दंगे होते ही राजनीति पीछे हट जाती थी। अब कुछ लोग बड़ी सक्रियता से दंगों में अपनी भूमिका तलाशते हैं।"

(द) "पुलिस फोर्स एक अजीब से सिंड्रोम से त्रस्त है। उसे जीवित रहने के लिए राजनीतिज्ञों और जवाबदेही के लिए कानून पर निर्भर रहना पड़ता है। हमें एक स्पष्ट चेन ऑफ कमांड चाहिए।"

(इ) "अब कुछ वरिष्ठों में यह डर बैठने लगा है कि अगर कोई सीनियर डी.जी. पी. आदेश देता है, तो क्या कोई आज्ञा का पालन करेगा? अगर विभागीय नियुक्ति पुलिस नेतृत्व के हाथ में नहीं होगी तो बुरे प्रदर्शन का जिम्मेदार कौन होगा?

मेरे भारतवासियों! अब यह सब और नहीं होगा।

आदरणीय सुप्रीम कोर्ट ने 22 सितंबर, 2006 को; भूतपूर्व डायरेक्टर जनरल

ऑफ पुलिस श्री प्रकाश सिंह की अर्जी पर अपना ऐतिहासिक फैसला देते हुए, केंद्र व राज्य सरकार को निम्नलिखित निर्देश दिए हैं–

> इसके साथ ही, अंततः उन्होंने भारत को गैर-राजनीतिक पुलिस सेवा प्रदान की है।

मैं उद्धृत करती हूँ, "समस्या की विशालता, रूल ऑफ लॉ के बचाव व मजबूती की माँग, इस अर्जी के पिछले दस सालों से होते आए स्थगन, देश में पुलिस सैट–अप में सुधार के लिए की गई ऐसी ही अनुशंसाएँ और पुलिस सुधारों के विषय में होने वाली इस अनिश्चितता को ध्यान में रखते हुए हमने सोचा कि अब और प्रतीक्षा नहीं की जा सकती। मुद्दे को अंतिम रूप देने तक हमें केंद्र सरकार या राज्य सरकार द्वारा बने नए मॉडल पुलिस एक्ट को लागू करना होगा। यह भी नोट किया जाए कि देश में अपराधिक न्याय पद्धति की गुणवत्ता काफी हद तक पुलिस फोर्स की कार्यवाही पर निर्भर करती है।"

अतः सार्वजनिक हित को ध्यान में रखते हुए निम्नलिखित निर्देश देना अनिवार्य हैः

"केवल विकास की प्रतीक्षा या आशा में इस मुद्दे को यूं ही छोड़ना संभव नहीं होगा। जब तक राज्य सरकारों द्वारा नए कानून लागू किए जाएँ, तब तक कुछ निर्देश देने आवश्यक हैं।"

"...हम केंद्र सरकार, राज्य सरकार व केंद्र शासित प्रदेशों के लिए निम्नलिखित निर्देश जारी करते हैं..."

इस फैसले के कुछ प्रमुख अंश प्रस्तुत हैंः–

(1) राज्य सुरक्षा कमीशन– इसके द्वारा, राज्य या केंद्र शासित प्रदेश के डी.जी.पी. या पुलिस कमिश्नर की नियुक्ति एक कमीशन द्वारा होगी, जिसमें गृहमंत्री या राज्य के मुख्य मंत्री सभापति होंगे, सदस्यों के रूप में विपक्ष के सदस्य, सेवा निवृत्त जज। लोकायुक्त या मानवाधिकार कमीशन के सदस्य, राज्य चीफ सैक्रेटरी, तीन या पाँच गैर राजनीतिज्ञ विद्वान नागरिक।

(2) राज्य सुरक्षा कमीशन, यू.पी.एस.सी. के पैनल द्वारा विभाग वरिष्ठ ही नहीं चुनेगा बल्कि पुलिस प्रदर्शन के लिए नीतियाँ व निर्देश जारी करेगा, राज्य पुलिस के प्रदर्शन का मूल्यांकन करेगा तथा राज्य विधानमंडल के सामने उसकी रिपोर्ट पेश करेगा।

(3) चयन किए गए डी.जी.पी. का न्यूनतम कार्यकाल दो वर्ष होगा। ऐसा स्टेशन हाउस अधिकारियों तक, अन्य पदों पर भी लागू होगा।

(4) पुलिस इस्टेबलिशमेंट बोर्ड–इसका अर्थ होगा कि डी.जी.पी. अपने विभाग के चार वरिष्ठों सहित गिरी सुपरिटेंडेंट व अन्य नियुक्तियों के लिए उत्तरदायी होगा। बोर्ड सुपरिटेंडेंट्स के नियुक्ति व तबादले की अनुशंसा भी करेगा। इससे पुलिस नेतृत्व को बाहरी हस्तक्षेप के बिना नियुक्ति व तबादले का अधिकार मिलेगा जिससे दोषारोपण का खेल खत्म हो जाएगा।

(5) पुलिस कंपलेंट अथॉरिटी का गठन–डिप्टी सुपरिटेंडेंट के पद तक गंभीर दुराचरण, दुर्घटनाएँ व मृत्यु या पुलिस कस्टडी में बलात्कार आदि सभी शिकायतें। पुलिस कंपलेंट अथॉरिटी जमीन या मकान गबन या अधिकार हनन के गंभीर मामले में पूछताछ कर सकती है। इसकी अनुशंसाओं पर ध्यान दिया जाएगा।

इसके अलावा लॉ एंड ऑर्डर ड्यूटी व पूछताछ को अलग करना तथा नेशनल सिक्योरिटी कमीशन का गठन मुख्य बिंदु हैं।

आदरणीय कोर्ट के इस फैसले के बाद पुलिस नेतृत्व की ओर से बुरे प्रदर्शनों के लिए बहानेबाजी की कोई गुंजाइश नहीं रह गई है।

इसके साथ ही, अंततः उन्होंने भारत को गैर राजनीतिक पुलिस सेवा प्रदान की है। कुछ ऐसा जो सभी पुलिस कमीशन चाहने के बावजूद कर नहीं पाए।

सच, पुलिस के इतिहास में 22 सितंबर का यह दिन स्वर्णाक्षरों में लिखा जाएगा, वे इसे 'रूल ऑफ लॉ' के नाम से जानेंगे।

❑

44

धुआं रहित दीपावली

एक और दीवाली चली गई है। यह एक ऐसा दिन है, जिसका हम इंतजार कर रहे थे। यह त्योहार आपसी रिश्तेदारों और दोस्तों के बीच रिश्तों को मजबूत करता है। यह एक अवसर है जब हम आपस में एक–दूसरे को धन्यवाद देते हैं। हर कोई उपहार खरीदने और इसे एक–दूसरे को देने में व्यस्त होता है। यह एक ऐसा समय है जब हम पूजा में व्यस्त रहते हैं और सबके भले के लिए प्रार्थना करते हैं।

अपने दोपहर के भोजन के रिव्यू के समय मैंने अपने सहयोगियों से पूछा कि इस साल दीपावली के समय उन्होंने दिल्ली में क्या देखा? मेरे इस संबंध में अपने विचार हैं पर मैंने सोचा कि मैं उनकी परीक्षा लूं और देखूं कि वे इसमें कितने खरे उतरते हैं? ये सब बातें एक–दूजे के साथ हमने बांटी। हम लगभग 30 लोग एक साथ थे।

1. इस बार दीपावली में आगजनी की घटनाएं अन्य सालों की अपेक्षा कम हुई इस बार आग लगने से संबंधित फोन काल्स भी कम आए। हर साल हमारी दीपावली आग बुझाते ही व्यतीत होती थी। रिकार्ड यह दिखाते हैं कि अन्य सालों की अपेक्षा इस बार आधे फोन काल ही आए।
2. बड़े पटाखे इस बार ज्यादा महंगे होने के कारण अधिकांश लोगों की पहुंच से बाहर थे। (तब मुझे महसूस हुआ कि दीपावली की रात साढ़े दस बजे ही बिना किसी पटाखों की धूमधाड़ से मैं आराम से सो पाई थी।)
3. लगभग हर घर में 'चीनी चीजें' दिखाई दीं। गणेश और लक्ष्मी की मूर्तियों पर 'मेड इन चाइना' का ठप्पा लगा हुआ था और वे सस्ती होने के साथ–साथ आकर्षक भी थीं। बहुत से घरों में मोमबत्ती के प्रकाश का स्थान चाइनीज स्प्रिंग

लाइटों ने लिया। ये चीजें सिर्फ सस्ती ही नहीं हैं अपितु दीपावली के बीत जाने के बाद भी अन्य दीपावली तक यहां तक कि जन्मदिनों व अन्य मुबारक मौकों जैसे गुरुपर्व, क्रिसमस और नए साल के सैलिब्रेशन में भी काम आ सकती हैं।

4. मीडिया का रोल दोतरफा रहा। (अ) सामूहिक शिक्षण के क्रम में साफ एवं सुरक्षित दीपावली मानने के रूप में, (ब) और उससे ज्यादा महत्त्वपूर्ण यह रहा कि दीपावली मनाने वाले अधिकांश दर्शकों को अपने पीक टाइम रात्रि 10.30 बजे तक अपने टीवी धारावाहिकों से चिपकाए रखा, (इस समय सास–बहू और कसौटी... जैसे धारावाहिक आते हैं) जो दर्शक इन धारावाहिकों को लगातार देखते आ रहे हैं, वे एक दिन इसकी कोई कड़ी नहीं छोड़ना चाहेंगे। अतः जो भी बच्चे और वयस्क इन धारावाहिकों से जुड़े हुए थे, उन्होंने धारावाहिक देखकर अपने को ध्वनि और वायु प्रदूषण से अलग रखा।
5. सड़कों में इस बार और अधिक संख्या में पुलिस दिखी। इस कारण शहर में अफरा–तफरी लगभग कम ही रही। शराबी भी घरों में बंद रहे। अधिकारियों ने जुओं में भी कमी देखी।
6. बच्चों को भी स्कूल में शिक्षा दी गई थी कि वे पटाखों को न कहें और जो आकलन रहा, वह यह था कि अधिकांश बच्चे इस बार पटाखों से दूर रहे। 'पटाखों को न' नामक स्कूली अभियान इस बार रंग लाया। बेशक जो वयस्क अपने समय में ऐसे किसी अभियान में शामिल नहीं हुए थे, उन्होंने भी इस बार शामिल होकर ध्वनि एवं वायु प्रदूषण में कमी करने में अपनी भागीदारी निभाई। उनके लिए सीखने के लिए बहुत समय बीत गया। इससे पूर्व वे व्यावसायिक रूप से दीपावली में बम, अनार और अन्य पटाखे फोड़ते थे।
7. बहुत से दीपावली मेले आयोजित कर प्रायोजकों ने लोगों को इस बार त्योहार को अलग से मनाने का तरीका बताया।
8. संभ्रांत एवं शिक्षित कालोनियों ने वायु एवं ध्वनि प्रदूषण को रोकने में अपनी महती भागीदारी निभाई। इस प्रकार ऐसी आवासीय कालोनियां साफ एवं सुरक्षित रहीं।
9. इस बार दीपावली एक मजेदार सप्ताहांत के बाद आई। उस दिन सोमवार था और असल में लोगों को तीन दिन की दीपावली की छुट्टी मिली। अतः यह त्योहार बहुत दिनों तक चला।
10. बच्चे बड़े स्मार्ट थे। उन्होंने अपने अभिभावकों से पटाखों की बजाए अन्य गिफ्ट जैसे कपड़े या अन्य कोई और चीज लाने को कहा।
11. इस साल 'रॉकेटों' की कम बिक्री के कारण कम आग लगी क्योंकि पिछले

समय में यह आग लगने का मुख्य कारण थे। राकेट भी तुलनात्मक रूप से बहुत महंगे थे, जिसके कारण उनकी कम बिक्री हुई।

12. फायर वर्क्स एसोसिएशन ने पटाखों के लिए हामी भराकर 'मीडिया अभियान' चलाया पर इसका कोई खास असर नहीं हुआ।

> ! शिक्षक एवं कार्यालय अधिकारी और अपने सहयोगियों व बच्चों और अन्य नागरिकों को सुरक्षित एवं स्वच्छ दीपावली मनाने का पाठ पढाएं !

ये आकलन बताते हैं कि समुदायों ने अपना पूरा सहयोग दिया, चाहे वह शिक्षा का ही कारण हो पर यह उपयोगी रहा। ये उदाहरण और भी समान कारणों से प्रयोग में लाए जाने चाहिए। ऐसे प्रयोग ज्यादा से ज्यादा पाकेट्स और लोकेलिटी में प्रयुक्त होने चाहिए, जिससे सामान्य कारणों से लोगों को परिचित कराना चाहिए। पटाखा निर्माताओं से भी बातचीत करने की जरूरत है कि उन्हें भी जागरूक बनाया जा सके। मुझे पक्का विश्वास है कि नए परिवर्तन से इको–फ्रैंडली पटाखे बनाए जा सकते हैं। इसके अलावा स्कूल, कॉलेजों, संगठनों और एसोसिएशनों, आवासीय, सामाजिक एंव सांस्कृतिक रूप से इसमें पूर्णतः शरीक होने की आवश्यकता है। शिक्षक एवं कार्यालय अधिकारी और अपने सहयोगियों व बच्चों और अन्य नागरिकों को सुरक्षित एवं स्वच्छ दीपावली मनाने का पाठ पढाएं मगर हम एक–दूसरे के प्रति समर्पण और ध्यान को अपना कर्त्तव्य समझेंगे तो अगली दीवाली अस्थमा डॉक्टरों के क्लीनिकों के सामने लाइन लगाकर खड़े होने की नहीं होगी और आग लगने की खबर देने के लिए सैकड़ों फोन कालों की जरूरत नहीं होगी। हर बार की तरह तब दीपावली की अगली सुबह धुआंयुक्त नहीं होगी पर पुलिसकर्मियों को यह आश्वस्त कराना होगा कि हर आदमी के लिए यह सुरक्षित एवं मनोरंजक दीपावली रहे, बिना जुए की, शराब से दूर रहकर और बम तथा राकेटों से अलग हटकर।

❑